U1015473

深度IP

管理者个人品牌养成记

苏静　张瑞杰◎著

中国经济出版社
CHINA ECONOMIC PUBLISHING HOUSE
·北京·

图书在版编目（CIP）数据

深度IP：管理者个人品牌养成记／苏静，张瑞杰著．
北京：中国经济出版社，2018.5
ISBN 978－7－5136－5096－0

Ⅰ.①深… Ⅱ.①苏…②张… Ⅲ.①企业管理—品牌战略—研究 Ⅳ.①F272.3

中国版本图书馆CIP数据核字（2018）第032948号

责任编辑　张国栋　高晓晔
责任印制　马小宾
封面设计　任燕飞设计室

出版发行　中国经济出版社
印 刷 者　北京柏力行彩印有限公司
经 销 者　各地新华书店
开　　本　710mm×1000mm　1/16
印　　张　13
字　　数　173千字
版　　次　2018年5月第1版
印　　次　2018年5月第1次
定　　价　58.00元
广告经营许可证　京西工商广字第8179号

中国经济出版社 **网址** www.economyph.com **社址** 北京市西城区百万庄北街3号 **邮编** 100037
本版图书如存在印装质量问题，请与本社发行中心联系调换（联系电话：010－68330607）

版权所有　盗版必究（举报电话：010－68355416　010－68319282）
国家版权局反盗版举报中心（举报电话：12390）　　服务热线：010－88386794

前言

我们可以发现，现在的企业管理者越来越高调，他们不但出席各种会议论坛，更是频频上综艺、拍电影，时不时地还能看到他们出现在微博热搜榜。这与以往管理者的低调行事风格完全不符。为什么突然间管理者有了如此之大的转变？

当下的商业市场发生着巨大的变化，日益个性化的媒介环境，多元化的消费场景，导致独立而割裂的单次营销活动效果差强人意，非原创性内容在市场中传播很难具有穿透力，碎片化的内容难以被消费者识别，难以形成品牌的记忆点……由此，企业间的竞争已经从产品功能、质量、价格升级到了品牌竞争这样一个更加高级的阶段。作为企业的核心人物，管理者如能被打造成一个超级IP，就可以为企业带来坚不可摧的品牌效应。

传播学的认知平衡理论认为：如果用户对一个管理者有好感，也会对其企业的产品和服务有好感。其实，在任何一家成功的企业背后，都有一个甚至一批具有超级IP特征的管理者。

IP型管理者的打造模式在国外已相当成熟。如微软与比尔·盖茨、沃尔玛与沃尔顿、松下电器与松下幸之助公司等，这些国外企业都将管理者与企业的发展紧紧联系到了一起。在国内，IP型管理者尚处于盲人摸象的状态。成功跻身IP型管理者的大有人在，而失败的也不在少数。究其原因，大多数管理者并没有真正掌握IP的实质意义及打造方法。

研究显示，能成功塑造IP的管理者不足15%，而日常行动符合自身IP的管理者则更少；谈论如何塑造IP的管理者数不胜数，但真正能实践成功的却少之又少。美国学者迈克尔·戈德海伯（Michael Goldhaber）曾在一篇题为《注意力购买者》的文章中指出："获得注意力就是获得一种持久的财富。在信息爆炸的新经济下，这种形式的财富使你在获取任何东西时处于优先位置。因此，注意力本身就是财富。"换句话说，成为IP的一个关键点就是获取用户的注意力。但是有不少管理者将获取注意力当成了打造IP型管理者的唯一要点，因而不择手段、不考虑任何后果地做出一些博眼球的事情。最终的结果确实如其所愿获得了用户的注意，但所收获的远远少于损失的。

管理者要成为IP，远不止获取用户注意力这么简单，其中还包括很多内容。比如，没有一个好的IP定位，管理者很可能会走偏；没有一个原创的、独特的、犀利的、真实的内容输出，用户很难认可管理者的IP；不会演说的管理者不是好IP，演说是塑造管理者IP最直接有效的方法……世界上成功的IP型管理者比比皆是，虽然塑造方式各异，但其核心点却是一样的，即IP的打造从来都不是简单化，更不是去模仿他人的做法。所以，准确找到IP关键点，同时结合自身特点，彼此融合，最终让自己成为独一无二的、有着巨大影响力的IP。

目录

第 1 章　定位：什么样的管理者有什么样的 IP

所谓定位，就是进入用户心智，在用户心中拥有独一无二的地位。无论在什么时候，谁先搞懂定位，谁就能在商业游戏中领先一步。管理者 IP 亦是如此，在打造 IP 之前需要搞懂定位，做好定位，做准定位。

第 2 章　塑造：从管理者到 IP 的诞生

成为一个合格的 IP 型管理者并不是一件简单的事。很多管理者都认为当 IP 就是做“网红”，其实不然。有些管理者很容易成为 IP，其实是他们身上自带 IP 的强基因。他们利用自身的强基因，再与人设完美结合，并向用户输出正确独特的价值观，经过一系列操作便成为了超级 IP。

第 3 章 内容：从销售产品到输出信息价值

以往的管理者向用户输出的都是产品，在用户面前输出的信息都与产品相关。成为 IP 型管理者，就不能只单单销售产品，而是要改变方向，给用户输出信息价值。换句话说，就是给用户输出一个具有高识别度、原创的、观点犀利的、真实的、符合用户需求的内容。

第 4 章 传播：推一推，炒一炒，IP 就红了

获取用户的注意力是成为 IP 的关键，这就需要掌握传播推广的手段。比如，制造一个有争议性的话题，说一句能广为流传的金句，借助其他管理者的影响力，开一场发布会，利用各种手段驱动用户的情绪，等等。只要掌握了其中的一种方式，关注度就不是问题了。

第 5 章　演说：不会演说的管理者不是好 IP

卖产品先卖观念，如果用户不认同你说的内容，怎么可能购买你的产品呢？巴菲特说过：“一个企业的 CEO 必须会两种能力，一是演说，二是写作。”管理者本身也是一个产品，所以，要先学会演说才能把自己销售出去。

第 6 章　加深：让 IP 更亮一点儿，再亮一点儿

不少管理者成为 IP 后，就像一些网红一样很快“消失”了。究其原因，是没有进一步加深，将 IP 巩固下来。只有借助各种手段让 IP 亮一点儿，再亮一点儿，IP 才能持续地存在下去，才能给管理提供更大的价值。

第1章

定位：什么样的管理者有什么样的 IP

所谓定位，就是进入用户心智，在用户心中拥有独一无二的地位。无论在什么时候，谁先搞懂定位，谁就能在商业游戏中领先一步。管理者 IP 亦是如此，在打造 IP 之前需要搞懂定位，做好定位，做准定位。

1.1 先了解 IP 共性再谈定位

定位是打造管理者 IP 的第一步，但在谈定位之前，管理者们要先了解 IP 的共性。世间万物之间存在共性，IP 也是如此。因而，了解了 IP 的共性才能知道如何定出一个有自身特色、有企业特色、能让用户迅速记住的形象。

什么是 IP 共性？我们可以通过陈欧的案例来了解一下。

陈欧，16 岁留学新加坡南洋理工大学。大学期间曾成功创办在线游戏平台 GG—GAME，其是中国之外最大的游戏对战平台之一。他 26 岁时获得美国斯坦福大学 MBA 学位。2009 年回国创业，成立化妆品电商平台聚美优品。虽然在电商领域他不能和马云、刘强东比强，但是在这个年纪且在细分领域，陈欧的优秀已勿需赘言，且他还有创业的成功经验。

陈欧最出名的一句话就是“我为自己代言”（见图 1－1）。这句话的背后代表的不止是梦想，还有让用户知道管理者不是只坐在办公室，企业的代言也不只是可以请明星，管理者完全可以为自己的企业做代言。显然，陈欧的这句“我为自己代言”的结论是成功的，不止引起了用户的热烈讨论和模仿，还引领了管理者代言自家企业的风潮。

图1－1 陈欧“我为自己代言”广告

在陈欧之前，用户对于IP型管理者的认知并不强，而陈欧开了先河，他在第一时间进入了用户的心智。陈欧的粉丝数量可以排在IP型管理者的前列。

从陈欧的案例中，可以总结出IP的共性有以下三点：

共性一：在自身领域足够优秀。

这是IP的第一个共性，为什么？可以试想，如果一个人不够优秀，怎么让别人认可？陈欧如果没有名牌大学毕业，成功创业的经历，那么他的IP必定会弱上许多。一个产品，如何在同质化的海洋中脱颖而出？肯定是有别人没有的功能，或者是做得比别人好的功能。比如OPPO手机，为什么能迅速崛起？其实就是因为它在拍照和充电功能上足够优秀，是其他品牌手机达不到或暂时达不到的。同理，管理者IP也应该如此。要成为IP，就必须有比其他人优秀的一面，而这个优秀最好体现在管理者所从事的行业中。

比如董明珠，她说的话为什么能让别人信服或者引起别人的注意，就是因为她在销售这个领域足够优秀。

1992年，董明珠在安徽的销售额突破1600万元，占整个公司的1/8。之后，被调往竞争激烈的南京，不久就签下了一张200万元的空调单子，一年内个人销售额达到3650万元。

1996年，空调业血战。同年8月31日，董明珠宣布拿出1亿元利润的2%按销售额比例补贴给每个经销商，格力同年的销售因此增长17%，首次超过春兰。董明珠从1994年年底出任经营部部长之后，格力电器从1995年到2005年连续11年空调产销量、销售收入、市场占有率均居全国首位。

就是因为董明珠在空调销售领域的这些优秀表现，她才能成为当下最红的IP型管理者之一。

共性二：给出的结论能够刷新用户认知。

这一共性其实是建立在第一个共性之上的，管理者只有足够优秀，其给出的结论才能被用户接受，才能刷新用户的认知。除此之外，这个结论要有足够的数据、现实案例来支持才能刷新用户的认知。

例如，雷军提出的小米手机要为"发烧而生"。那么，雷军真的让手机为"发烧而生"了吗？用户认知真的被他的这个结论给刷新了吗？显然，结果是肯定的。不仅是雷军以往的经历让人信服，最重要的是雷军用行动、数据、现实案例刷新了用户认知。雷军为MIUI系统建立一个社区，所有对MIUI系统感兴趣的用户都可以成为其中的一员，并提出自己的意见，小米公司会在筛选分析后采取用户的建议，从而让MIUI系统越做越好（见图1－2）。

共性三：优先于他人占领用户心智。

前几年互联网上流行一句话："天下武功，唯快不破！"。这句话放到现在，放在管理者IP上依然有效。只有在同一领域优先冒出头的管理者，

图1－2　MIUI 论坛

才能迅速占领目标用户的心智，才能建立优势地位，也才能成为IP。

为什么？因为现在的社会竞争激烈，同质化现象越来越严重，IP型管理者也是如此。如果你不能比同一领域的人都优秀，就一定要比他们先成为IP型管理者。如此，用户的注意力就会先放到你身上，有了“先入为主”的心理后，用户一般就很难被撼动。

比如罗振宇，其实做这种知识分享的人有很多，讲得比罗振宇好、知识比罗振宇丰富的人也大有人在。但迄今为止，罗振宇还是被认为是知识分享领域的第一人，就是因为他抓住了速度，先于其他人把自己打造成了IP。

每个能成为IP的管理者都有这三个共性，因此在给自身做定位之前，需要先确定自己是否具备了这三个共性，然后在这个共性的基础上建立个性，然后再把这个个性作为自己的定位构成因素之一。需注意的是共性与个性并不是相互独立的，而是相互联系、相互弥补的。

1.2 有标准，定位更简单

定位不是一件简单的事情，管理者的IP定位更是如此，很多时候都会跑偏。那么，是否有具体的标准来保证定位的方向呢？确实是有的。管理者IP的定位可以分为四个标准，只要去套用即能保证不偏离大方向。

周鸿祎，可以说是IP做得最开心、最成功、最受用户欢迎的人之一。2017年9月份，因为用户过于想念消失了一年没有出现的周鸿祎，在微博上刷了“人民想念周鸿祎”，并推上热搜榜。为什么周鸿祎的IP能打造得这么成功？

首先，经营微博。与一些互联网大佬相比，周鸿祎显然是独树一帜的，他亲自经营微博，粉丝达到了1200万，堪比当红明星（见图1－3）。在微博中，周鸿祎积极地与粉丝进行互动，从360产品到个人生活细节，从分享自己欣赏的创业家再到微博直播等。

其次，出书。周鸿祎可以说是互联网领域的颠覆者，他重新定义了微创新、互联网免费安全等理念。在书中，他非常详细地叙述了自己的互联

图1-3 周鸿祎的微博

网观、产品观以及管理思想，他在书中的这些观点、理论受到了广大用户的认可（见图1-4）。

再次，链接行业大佬，传播话题和影响力。周鸿祎是自己把自己推上了IP之路。2015年世界互联网大会，当马云作为高级别专家咨询委员会联合主席为中国互联网的发展献计献策、做闭幕演说时，奇虎360的创始人周鸿祎却在全程忙着自拍。不光是自己拍，还与各位大佬合影。而周鸿祎就因为这个自拍火了，不但他本人火了，连自拍用的360手机也火了一把。当然最红的一件事就是“他和雷军的照片。”

最后，用直播打造个人超级IP。作为一名大企业管理者，周鸿祎持续半年时间在“花椒”上做直播。在这期间，他发布了50多条和“花椒”

图 1－4 周鸿祎的新书

相关的微博、40 多条朋友圈信息，花样频出，最后还直接入股了熊猫 TV。

虽然 2016 年 360 从纳斯达克退市，但这依然不影响周鸿祎的人气。用户对周鸿祎的一些“金句”依然热捧，同时也表示确实能从他的一些知识分享中学到东西。所以才出现了“人民想念周鸿祎”的热门微博话题。

从定位的角度看，周鸿祎把自己定位于更加娱乐化，且是知识分享型的 IP。

周鸿祎的定位是如此，那么其他管理者又该如何找到自己的定位？可以按照以下四个标准进行。

1. 聚焦双方共赢领域

意思就是在利他的同时又是自己的喜好。利他很好理解，打造管理者 IP 的目的就是为了帮助企业实现更好的效益。管理者自己的喜好则分为两个方面：一是管理者自己是否愿意打造成标准，愿意往哪方面打造；二是其定位是不是定位在自己喜欢的事物上。显然，周鸿祎的 IP 打造之路，符合这一点。所以，在互联网大会上的自拍不仅让他火了，也让 360 手机火了。王石的定位也体现了这一点，他的 IP 定位就是运动家精神，不怕危险、不怕冒险、永不放弃，而户外运动刚好是王石的兴趣爱好。这一点，在下面的篇章会进行详细叙述。

2. 聚焦细分领域

其实这一点和产品或品牌定位是相同的，如果没有一定的实力是很难出头的，而细分市场则更容易被用户接受。虽然细分市场的用户较为小众，但是能在小众市场做出色，一样也能达到同样的目的。比如“伟大的安妮”就把自己定位在了漫画行业，虽然漫画用户没有大众图书高，但是其粉丝黏性却很强。咪蒙把自己定位于治愈系漫画爱好者，可以避免和大众市场进行竞争。

3. 聚焦趋势大领域

虽然要把自己定位在细分领域，但这个细分领域必须是可以持续发展的，否则你就是在这个领域里成为了最耀眼的 IP，也无法给自己或给企业带来任何效益。比如王尼玛，他最初也把自己定位于漫画，但是他的漫画定位与“伟大的安妮”不同，是暴走吐槽型的，且除了用图文的形式表现，本人还亲自上阵根据漫画内容再一次进行吐槽。王尼玛的定位虽然非常细致，但却有很强的发展趋势。首先，现在二次元是大潮流，漫画风格必然更受“90 后”“00 后”的欢迎；其次，吐槽娱乐风更是现在的发展趋势；最后，网络视频已有与电视隐隐对抗之势，现在的年轻人也更习惯观看网络视频而不是电视。

4. 聚焦竞争小领域

是指管理者要把自己定位于少有人定位的领域，如此就更容易被用户关注。例如现在很多人都在做知识分享，除了罗振宇，其他人却很难做出头，甚至有些人都不被承认。为什么，因为做知识分享的人太多了，竞争激烈，同质化现象非常严重，没有超强的实力，很容易就被淹没了。

1.3 别做“只会穿西装打领带”的管理者

用户对管理者的印象，一般就是穿西装打领带，一副商业精英的样子。这是用户对管理者的固有印象，而传统的管理者留给用户的印象也是如此。当然，这是在穿着打扮上。但是，如果要做 IP 型管理者，定位、向外展示的形象还是如此千篇一律，那么管理者的 IP 打造必然是无法成功的。所以，在给自己的 IP 进行定位时，首先要做的就是“抛弃西装、扔掉领带”，给自己贴上一个能让用户一眼识别出的标签，做一个个性化的管理者。

提起罗永浩，你会想到哪些关键词？网红？剽悍？理想主义？创业？锤子 CEO？工匠精神？情怀？……无论如何，罗永浩都成为了最具人气之一的 IP 型管理者。而他的成功，很大程度上是来源于他定位的准确。

其实上述的那些关键词，情怀和工匠精神是他的最大标签，也是他的核心定位。凭借着情怀和工匠这个定位，罗永浩在 2016 年盒饭财经评选出的年度企业家网红榜，排名第一。罗永浩依靠情怀与工匠获得了关注，同时也达到了打造一款成功的手机产品的目的。

为什么罗永浩要把情怀与工匠作为自己的核心定位之一呢？原因很简单，每个人都有情怀，每个事物也都有情怀，因而提起情怀很容易让人产生共鸣。而定位工匠，是因为现代人的生活条件越来越高，也就越来越追求产品的品质，而如果一个产品的设计者具备了工匠精神，那么其品质自然也不会太差，这些都为罗永浩推出锤子手机打下了坚实的基础。

罗永浩那样定位成功后，再通过一系列的运作，吸引了大批的粉丝。之后开始做网站、办学校、做演说、出自传，同时在微博、直播等各大社交媒体上活跃，并怒怼西门子、方舟子，最终成为了自带话题和流量的超级大 IP。

像罗永浩那样成功地给自己定位并不难，但是需要按照以下几点进行。

1. 与自己的先天条件相适应

每个人都有自身形象的先决条件，好的形象塑造更有利于发挥出管理者的自身优势，也很容易成为 IP，毕竟“爱美之心人皆有之”，就像平常一样，长得好看的人总是先得到别人的青睐。如果你颜值够高，那么就要善于利用这一点。当然，在商界，内秀的管理者更多。所以，如果你是那个内秀的人，就要懂得利用先天条件给自己设计一个独属的、标志化的符号。就像周鸿祎被称为“红衣教主”，是因为周鸿祎在出席重要场合时，或者发表一些重要意见时，总是一袭红衣出现，且“红衣”跟他的名字谐音相同。所以，“红衣教主”就成为了周鸿祎区别于其他管理者的个性化标签。

2. 与自己的职业与行业相吻合

不管要做什么样个性化的定位，管理者的定位都要和自己的职业与行业相吻合。如果太过跳脱，很难让用户产生安全感，或者需要花更多的时间与精力去证明自己是一个靠谱的人。比如陈欧，因为其企业经营化妆品，更为时尚和女性化，那么他的定位就可以更加活泼和时尚，能跟得上时代潮流；但是如果是潘石屹，不管是自身原因，还是企业的形象，如果他的定位过于跳脱，与其高端写字楼的气质不相符，那么就很难让用户产生信任感。相对来说，形象定位是否和自身的企业相符，对于已经成功的管理者，如潘石屹并不会产生多大的影响，即使定位错了也不会产生多大的影响。但如果想通过先打造 IP 再做企业的创业者，定位是否与自己所从事的职业行业相符，就有着极大的影响了。比如王尼玛，如果他的定位是严谨、严肃的漫画吐槽人，相信现在的他就不会有这么多粉丝，并成立了属于自己的公司，开发出一系列相关的视频节目。

3. 符合管理者的风格与气质

定位要符合管理者自身的风格与气质，如果是儒雅和温和的气质，非得定位为“炮轰”型，这种反差用户是很难接受的，比如让马化腾、马云做周鸿祎的事。所以管理者的定位还是要根据自身的风格与气质来打造，这样的个性化才是好的个性化。

4. 与管理者经常参与或出席的活动相匹配

管理者经常会参加一些活动，并发表一些掷地有声的演说，展现管理者的个人风采，同时也向大众展示企业的综合实力。如果是企业还在刚刚起步的管理者，还需要参加很多路演大赛、面见投资人、拜访客户。那么此时，管理者的形象定位就要符合这些场合的要求，但也不能失去自己的风格。当然，个性化的风格不是说你穿了什么衣服，而是你给人的感觉、你说出的话、做出的各种各样的行为。如果你能给大家留下深刻的印象，就能为将来的合作打下很好的人脉基础。

1.4 IP打造要符合管理者个人核心能力展现

我们一直都在说："人要做自己擅长的事情"，如此才能做得更好、更专业。管理者的IP定位也是如此，如果其定位不符合管理者个人核心能力的展现，那么他根据这个定位做出来的事情就会显得力不从心，或者做得不专业。如此，就很难获取用户的认同了。就像王石，万科给王石的定位是运动家、冒险家，但是如果王石不擅长这个户外运动，那么用户就会认为王石只是在演戏，太虚假了！

李叫兽，经常玩朋友圈的人肯定都看到过这个名字，他可谓是内容创造的一匹黑马。李叫兽原名李靖，从2014年起，在用户号"李叫兽"原创出百余篇高质量商业分析文（见图1-5）。比如《你为什么会写自嗨型文案，X型与Y型文案的区别》《做市场的人，不一定知道什么才是市场》和《为什么你有十年经验，却成不了专家?》。

其经营的用户号获得多项荣誉，如"虎嗅2016年度作者""鲁豫有约

图 1－5　李叫兽的个人用户号

新版联合发布 2016 最值得关注的深度自媒体”和“2015 WeMedia 年度十大影响力自媒体”等。2016 年 1 月起，任百度副总裁。

李叫兽之所以能获得如此大的成功，主要原因之一就是其定位的成功，他把自己定位为知识型自媒体创作者。为什么李叫兽要如此定位？其原因就是写文章，特别是商业分析文章是他的核心能力。

李叫兽是营销管理专业的学生，本科就读于武汉大学，后考入清华大学完成硕士学业。所以商业营销本就是李叫兽最擅长的事情。同时创作又是李叫兽的个人爱好，而自媒体的发达让李叫兽把擅长的事情与个人爱好结合在一起，变成了自己的核心能力。

从结果来看，李叫兽的定位显然是成功的。那么管理者又该如何像李叫兽一样找到自己的核心能力，并以此作为自己的定位考虑因素之一呢？

可以参考以下几个方面。

1. 找到自己喜欢且较擅长的事情

找到自己喜欢且较擅长的事情，因为只有喜欢，管理者才会投入热情与时间，不断地去钻研方法。不管是在哪一领域、哪一行业，投入热情和时间都会给管理者带来优势。就像是罗振宇把自己定位为知识分享型的管理者，首先这是他的兴趣，其次是知识分享的这个过程。罗振宇会不断地去收集更多、更有用或者更新的信息，然后自己嚼碎了再分享给他人。在这个过程中，罗振宇积累的东西越来越多，而他的优势也就越来越明显。

但是仅仅是喜欢还是不够的，喜欢只是主观的兴趣，因为每个人的身体、智力、家庭、受到的教育都有所不同，所以客观来说，即使是自己兴趣所在的事情，也有比别人做得好或做得差的地方。

所以，在喜欢的基础上，还要擅长。那么如何找出一个自己最喜欢又最擅长的事情呢？可列出一个清单，在上面标记自己都会做哪些事情，擅长哪些事情，喜欢哪些事情，找出最擅长与最喜欢的那一个，然后再把这个作为自己的定位。

2. 满足市场稀缺需求且持续

如果仅仅是自己喜欢和擅长的，也是无用的。因为如果市场对管理者所擅长的事情没有需求，也不能作为自己的定位考虑因素之一。因为市场没有需求，就没有关注度。同时，还要有稀缺性。同样一件事情，你会，他也会，也是不行的，因为太过泛滥的东西，用户已经失去了兴趣。

如果管理者能力是被用户需要且稀缺的，很快就会被很多人模仿、追赶，三五年就过时了，不具备长期竞争力，那也不行。所以，这种能力必须在稀缺的基础上还能持续。

比如把产品发布会开成演说会，最初是从乔布斯开始的，国内的引领者是雷军，雷军就因为发布会一战成名。雷军很会演说，也很幽默，因而他的发挥很受欢迎，甚至到了像明星演唱会可以售票的程度。但是越来越多的人也开始把发布会当成演说会，且做得比雷军更好，因而除了忠实的粉丝和业内相关人士，雷军的发布会就要失去吸引力了，其在热度上也比原先弱了许多。

3. 列能力圈找出核心能力

除了以上两点，管理者还可以通过列能力圈的方式找出核心能力。一般来说，能力圈可以列出四层，见图 1－6。

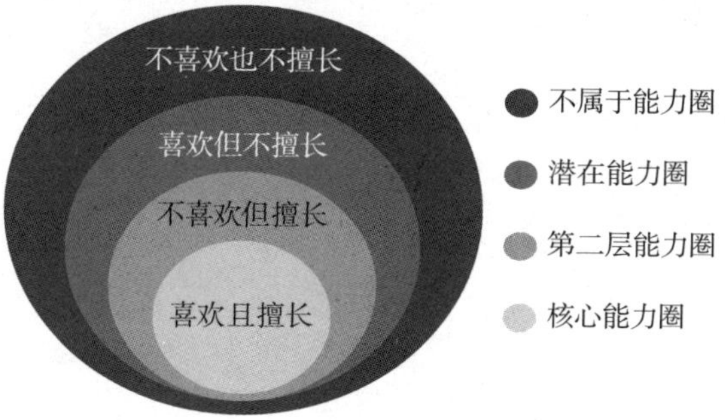

图 1－6　管理者的四层能力圈

根据管理者的能力圈，我们可以总结出在定位时需要考虑的四个条件，见图 1－7。

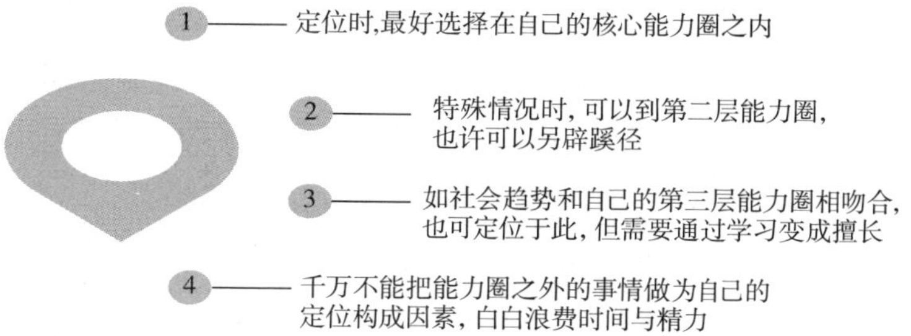

图 1－7　管理者 IP 定位需考虑的四点

4. 围绕核心能力的定位点做减法

意思是指围绕多余的定位点做减法，围绕核心的定位点做减法。定位点太多，管理者的光芒就会被分散，用户就更无法注意到。这一点就像我们在做产品时，把与核心功能无关的、用户不需要的功能全部删减掉，然后围绕核心点的功能不断增加新的功能。就像是微信，微信把与核心功能不相关的功能都做了删除，除了支付与朋友圈之外，在钱包这个核心功能之上不断地增加新的功能，让用户的需求通过这一个核心功能就能得到满足。管理者的定位也是同样的道理。

1.5 用兴趣爱好打造管理者 IP

上文说过，管理者的定位最好是结合自己擅长和自己喜欢的，但是很多时候很难找到自己擅长又喜欢的事物，那么此时管理者们只有两个选择，一是选择擅长但不喜欢的，二是选择不擅长但喜欢的。前者大多数体现在工作上，而后者大多数体现在管理者的生活中。如果管理者愿意牺牲自己的意愿选择前者固然很好，但是如果从自身考虑、从长远发展考虑，在不能选择又擅长又喜欢的事物时，还是选择自己喜欢但不擅长的事物。因为只有喜欢才更有动力去学习，把潜在能力给激发出来。

万科企业股份有限公司创始人王石，原任集团董事主席。虽然王石是一个传统企业的领导人，但是用户却经常能从新闻媒体上看到他。很多人都是先知道了王石，从而知道了万科。如果从 IP 的角度看，王石可以说是领先者，做得非常成功。而他的成功，正是来自于他准确的 IP 定位。

王石的 IP 定位是户外探险家，探险精神在王石身上成为了独一无二的标志。而他的这个标志，正是源自于自己的兴趣爱好。而他把这些兴趣爱好经营得丝毫不比企业家王石差。

王石是目前登上珠峰最老的人（见图 1－8），是“7＋2”纪录完成者，是滑翔伞 6100 米国内纪录创造者，2005 年环海南岛帆船比赛冠军。他的成绩证明他的兴趣爱好足以作为他的定位核心点，能成功地吸引用户眼光的焦点。事实上也是如此，他的这些兴趣爱好不止帮助他打响了自身的知名度，提高了万科的曝光度，更是有户外品牌找上王石作代言，打破了代言只请明星的限制，而这些代言也进一步地扩大了王石的知名度。

图 1－8　王石登顶珠峰

一些管理者肯定会抱怨，我的那些兴趣爱好特别普通，并不适合和王石一样做 IP 定位。兴趣是不会自己找上门的，只有多方尝试、深入学习，才知道自己的兴趣适不适合。所以，第一步就是从学习开始。

1. 入门：从零开始学习兴趣爱好

很多人对一些兴趣爱好都是三分钟热度，即使是非常成功的管理者也不例外。所以，为了避免三分钟热度，能把兴趣爱好变成自己的IP定位点之一，需要遵循以下的步骤进行：

第一步，在一开始就给自己一个明确的目标。大多数兴趣爱好者的学习都是随心而动，想学就学，不想学就不学，所以也不知道自己到了什么样的程度。但是如要把兴趣爱好作为IP的定位点，这是绝对不行的。因此要明白自己的学习界限在哪里，目标明确了，动机更强。比如有些管理者的兴趣爱好是潜水，那么就可以把考到潜水证作为学习目标；如果是钢琴，就可以把考到钢琴几级作为自己的学习目标。管理者必须知道一点，如果你的兴趣爱好只是普普通通，达不到一定程度，那么就无法为自己的形象加分，甚至可能会被用户嘲笑说："这么烂也拿出来炫。"

第二步，建立良好的认知。虽然要给自己学习兴趣爱好定目标，但是在一开始时就要对这件事情建立良好的认知，也就是觉得这件事情非常好玩和有趣也是非常关键的。因为如果一件事情不是自己喜欢的，那么是很难进行下去的。就像是我们上学时学写作，也知道持续写作是好的，但是大多数的人却很难坚持。因为心理对写作这件事情的认知就是痛苦的，这也是大多数人在写作文时有"憋出八百字作文"的说法。

第三步，找到正确的学习方式。学习兴趣爱好这种事情一定要找到正确的打开方式，而正确的打开方式就是找一个好老师带入门。那么如何才能找到一个好老师呢？一个要点就是"花钱就是省时间"，直接花钱去找一个资深的老师教自己即可，这对管理者来说是轻而易举的。

2. 进阶：让兴趣爱好拿得出手

入门后，管理者就要开始进阶，其进阶的程度至少要让兴趣爱好能拿得出手。兴趣爱好的进阶，可以分为两个阶段：

第一个阶段：达到60分。一旦开始学习一件事情最少要达到及格线，如果连及格都做不到，那么就很难再深入下去。所以，学习的过程需要以目标为驱动，以结果为导向。但需要明确一点，每一件事情的难易程度是不同的，所以还是要根据事情本身去定及格线，而不是说通通都要达到60分，才能算及格。

第二个阶段：达到80分。兴趣爱好如果要成为管理者的核心定位，那么只是及格是远远不够的，最少需要达到80分。只有达到80分，管理者兴趣爱好的价值才会开始被别人所认可，而不再是属于自嗨的状态。那么，如何才能从60分达到80分呢？可以分别从两个概念入手。

第一，刻意练习。佛罗里达州立大学心理学家K. Anders Ericsson首次提出了“刻意练习”这个概念。这套练习方法的核心假设是：“专家级水平是逐渐练出来的，而有效进步的关键是找到一系列的小任务让受训者按顺序完成。但这些小任务必须是受训者不会做的，通过练习却又可以迅速掌握的”。刻意练习的要点有四个，见图1-9。

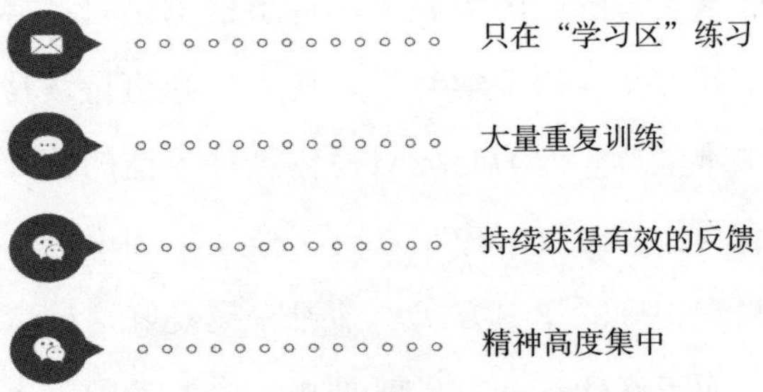

图1-9 可以练习的四个要点

第二，广泛练习。是指就像我们学习英语一样，去广泛地听和阅读，对于知识不要求能精通但必须有基本的了解，能与刻意练习起到相辅相成的作用。

1.6 管理者 IP 就该为企业而生

管理者将自身打造成 IP 的最终目标是什么？难道是想成为明星、想成为网红，或满足自身想成为众人焦点的欲望？当然不是，其最终的目的是通过管理者的 IP 力量，用最小的代价实现最大的效应。而要实现这个终极目标，在定位时就一定要以自身企业为核心，不能本末倒置。

长期以来，任正非是一个非常神秘的管理者，在这两年也成为了一个家喻户晓，随时能在新闻报道中看到的人物。而其中转变的原因就是任正非也认识到了成为 IP 的力量。从现实的效果来看，任正非的这种转变也是非常成功的。但是，可以发现一点，任正非所打造的 IP 形象可以说与华为是紧紧相连的。

华为对外形象最大的一个特点就是真实、亲民、踏实肯干，不因自己是国际大企业而高高在上，始终以民族企业、为客户解决问题为核心宗旨。而任正非的 IP 定位也正是围绕华为的这个特点展开。可从三个方面来证明任正非的 IP 定位其实就是华为企业的定位。

第一，任正非对外发布的文章。

任正非流传最广的两篇文章是《我的父亲母亲》和《华为的红旗到底能打多久》。从这两篇文章开始，任正非就被贴上了“真实亲民”的标签，而这个标签正符合了华为给外界的形象。

《华为的红旗到底能打多久》是任正非在电信调研团的汇报和联通干部座谈会上的发言，任正非向外人展示了自身的问题，自揭其短的行为让他获得真实、勇敢、真性情的赞誉。

《我的父亲母亲》用真实、真挚、细腻的叙述方式回忆了自己的父母。与其说他是在回忆自己的父母，倒不如说他更生动地从另一个角度展现了任正非本人。

任正非对外发布的文章都有着这种真实、真诚、不装着、不端着的风格，这也是外人眼里的任正非。

第二，说人话的经典语录。

随着华为的发展，任正非的语录也越来越受关注。而任正非的语录在体现着哲思和力量之余，也有着真实的一面，因而引发共鸣，被广泛传播。

比如：“不让雷锋吃亏正是‘艰苦奋斗’精神的坚实后盾和成长土壤”，“没有绝对的公平，烧不死的鸟就是凤凰”，“生活对每个人的评价，是会有误差的，但绝不至于黑白颠倒，差之千里”，“要深信，在华为，是太阳总会升起，哪怕暂时还在地平线下”，“真正的企业家要有战略耐性，要耐得住寂寞，有‘板凳要坐十年冷’的决心和勇气”，“用乌龟精神超越龙飞船”。

任正非的这些语录朴实无华，真切生动的至理引发热议，被企业界乃至很多年轻人赞誉。

第三，从小事件中折射大情怀。

2016 年 4 月，任正非在微博上大火了一把，有用户发微博称：“任正非一个人深夜在机场打出租车”，后又爆出“任正非在华为食堂排队打饭”的图片，让用户看到了任正非身上朴实、低调的一面。作为中国管理者最杰出的代表和“珠峰”人物，任正非的这些行为，无疑是更接地气，更深得民心。也许有人质疑任正非作秀，但从任正非对华为的股权激励方案就可看出，任正非确实是如此。

从以上的叙述中，我们可以看出，任正非对外展示的形象与华为对外展示的形象是相一致的，所以用户才会因为任正非的形象更加信任华为，更加喜爱华为的产品。

1. 围绕企业个性做定位

当今是个性张扬的时代，也是追求个性的时代，秉持个性、发展个性具有特殊的作用与意义。所以，企业必然也是有自己的个性，因而管理者的 IP 定位也应该围绕企业的个性去展开，让企业的个性在自己的身上得到体现。如此，才能达到用户一看到管理者就想到该企业的效果。

2. 围绕企业文化做定位

企业文化集中体现了一个企业经营管理的核心主张，以及由此所产生的组织行为，它是一个企业由其价值观、信念、仪式、符号、处事方式等组成的特有的文化形象。因而，管理者的 IP 定位也应该围绕企业文化而展开，要让用户从企业管理者的身上看到一个企业的文化。

3. 围绕企业品牌主张做定位

品牌主张是指企业向用户所传达的核心认同与价值观，品牌是企业对市场的承诺，表现出企业的一贯立场，表明企业会极力满足用户的某种需要，让用户看到企业存在的价值与精神内涵。可以说，企业的品牌主张在企业发展中有着十分重要的地位，是能把企业人格化的一种关键策略。企业的品牌主张一经确立，企业所有的传播与营销活动就必须围绕它展开。

管理者 IP 打造也是企业传播营销的一种手段，因此其管理者的 IP 定位也必须与企业的品牌主张相符。当一个企业的领导人具备了其企业品牌所具备的各种价值观时，这个人本身就可以为企业品牌增值，而这也是管理者变成 IP 的最终目的。

4. 围绕企业与用户关系做定位

企业与用户的关系反映了企业对用户的态度，因而也蕴含着可供管理者定位的要素，比如真诚、友好、乐意帮助、关心爱护等。比如海尔定位于“真诚到永远”，所以“真诚”是海尔给予用户的信念，也是海尔激发用户情感共鸣的出发点。因而，海尔的创始人张瑞敏的 IP 定位也包含了这一点，其在公共场合所做的每一件事、每一句话都向用户展现着自己的真诚，同时也让用户看到了海尔对他们的真诚。

1.7 在试错中找到最好的定位

管理者一开始给自己的 IP 定位难以做到百分之百正确，所以一定要对自己的 IP 定位进行试错。试错一般用于用户与产品的定位，其实在商业世界里，IP 型的管理者也是一个产品，所以也同样适用产品定位的试错。

刘强东，京东创始人，如今也是 IP 型管理者的领军人物。但是他的 IP 打造之路并不是一帆风顺的，走了许多的弯路，而这个弯路就是刘强东定位不够准确造成的，不过庆幸的是刘强东一直通过试错的方法来修正自己的定位。

在早期，刘强东的定位就是草根励志创业者，这个定位确实符合刘强东本身的人生经历。可是，这个定位虽然没有错，但是却吸引不了太多用户的眼光。所以，刘强东做的这个定位就会显得同质化，且不够突出，因而很容易就被用户给忽略了。

到中期，刘强东发现这个定位确实不适合自己往 IP 型管理者发展，所以又把自己的定位调整为偏向娱乐型。会有这个定位，主要的原因之一就是刘强东娶了被网友称为“奶茶妹妹”的章泽天，这个因为才貌出色在网络上拥有着高人气的“明星”，让刘强东的曝光度也极大地增加。事实上，不管是刘强东还是京东都因此知名度大增，一举一动都备受网友关注，刘强东甚至被网友称为“霸道总裁”。

虽然这个定位让刘强东和京东的名气大增，但是这个过于娱乐化的定位也留下了不少后遗症。刘强东和章泽天一直被外界认为是在炒作，甚至对两人实行了网络暴力，抹黑言论持续不断，京东也因此受到了不小的攻击。

现在，京东的发展已经趋于稳定，这种“越黑越火”的形式已经不适合刘强东和京东，所以刘强东的定位必须再进行调整，剔除过于娱乐化的部分。

从“刘强东批评员工宿舍住的人多”再到“要让员工五年内买房”的事件，可以看出此时的刘强东已经把定位修正为“为员工着想的好老板”。其实仔细分析，刘强东这个定位的修正是非常正确的，现在的京东在国内也能与淘宝抗衡，发展越来越稳定，从2016年已经开始盈利。所以，刘强东现在要塑造的是对企业负责、对员工负责的管理形象，因此不再适合过度地曝光，更无需曝光带来流量，因为他现在本身就是一个大流量，做的任何事情都会受到外界影响。

从刘强东的案例中可以看出，他的IP定位就是一个不断试错、不断修正的过程。有根据市场反馈做的修正，也有根据企业发展需要做的修正，但不论是什么样的定位改变，其结果是成功的即可。那么，其他的IP型的管理者如何和刘强东一样对自己的定位进行试错与修正呢？可按照以下三点进行。

1. 主动试错

试错是有成本的，拖得时间越久，付出的成本也就越高。不少管理者在按着错误的定位运行了很长一段时间，才由用户给的反馈发现这是错误的，但是此时改正已经晚了。所以，管理者们一定要懂得主动试错。

管理者们可以按照产品试错的方法，先设定几个情境，对 IP 定位进行前期测试，以发现定位中可能存在的潜在错误并进行持续地改进，以此来完善管理者的 IP 定位。通过这种试验，可以发现管理者 IP 定位中的潜在问题、发现市场对管理者 IP 定位的真实需求，具有主动性与前瞻性。

2. 大胆假设，小心求证

主动设计具备计划性和前瞻性，需要对试错环境、条件进行周密地设计，因而需要注意两个方面的问题，见图 1 – 10。

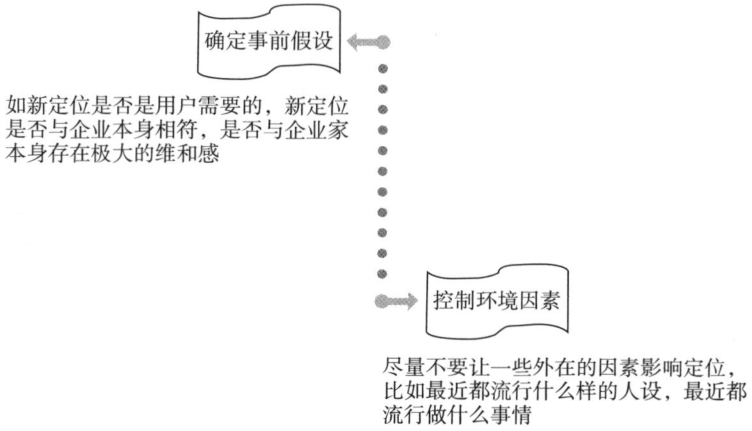

图 1 – 10　大胆假设，小心求证需注意的两大问题

3. 迅速修正，快速迭代

现在什么都讲究快速，在快速试错之后，管理者就要进行快速的信息收集、知识反馈，找到那些可能导致定位错误的潜在因素，并对原来的定位进行修正。以此为基础，进行下一轮的定位迭代升级，在每一轮的试错迭代中，迅速找到错误点，然后迅速修正，直至 IP 定位成熟（见图 1 – 11）。

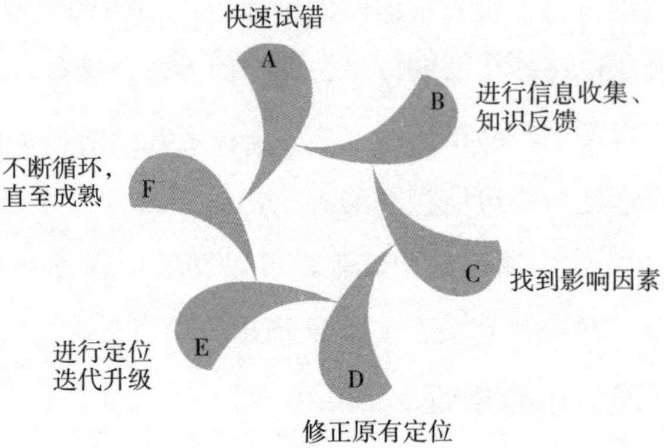

图 1－11　管理者 IP 定位流程

第2章

塑造：从管理者到 IP 的诞生

成为一个合格的 IP 型管理者并不是一件简单的事。很多管理者都认为当 IP 就是做“网红”，其实不然。有些管理者很容易成为 IP，其实是他们身上自带 IP 的强基因。他们利用自身的强基因，再与人设完美结合，并向用户输出正确独特的价值观，经过一系列操作便成为了超级 IP。

2.1 要明星化，但不是网红化

很多管理者认为成为 IP 就是要往明星方向发展，虽然这是正确的，但是却对明星化这个词的理解有错误。正确理解是要明星化但不是网红化。有很多管理者不理解 IP 的真正含义，认为 IP 就是网红，所以到了最后往往会跑偏，就像网红一样稍纵即逝。

2016 年 12 月 8 日晚，一则新闻在朋友圈疯传，美盛控股与同道文化达成股权转让协议，美盛控股以 2.175 亿美元收购同道文化 72.5% 的股权，同道大叔本人蔡跃栋减持股份近 60%，套现约 1.78 亿元，包括红杉、创东方、黄晓明旗下基金明侨投资退出（见图 2－1）。

有人说这是“网红”的胜利，其实并不是。从本质上来说，同道大叔更像是一个明星化的 IP 型管理者。他身上的特质与网红也不相同，更倾向于明星。

2014 年 7 月，毕业于清华美院的同道大叔首次发表微博，自此吸引了无数星座迷的关注。截至被收购前，同道大叔在全网平台上拥有超过 3000

图 2－1　同道大叔被收购的新闻在朋友圈疯传

万粉丝，其漫画阅读量一年超过 1000 亿次。由此看来，同道大叔在星座领域是非常有影响力的，且粉丝量不小。

而且同道大叔都会定期更新作品，从 2014 年 7 月首次发布作品到被收购前，甚至是 2017 年年底，同道大叔也一直有新的作品推出，这在一定程度上保持了粉丝黏性，同时也证明了同道大叔的粉丝不是靠一时的行为吸引来的，而是靠持续不断的内容输出。

虽然同道大叔的漫画是以“简单粗暴”为特色，但是其内容并不“简单粗暴”，而是蕴含了很多当代社会年轻人的思想特色，给用户灌输一种正确的、与时代发展相联系、受社会认同的价值观。

其实同道大叔之所以受粉丝欢迎，并能成为星座文化中最大的 IP，就是因为他输出的内容符合当下年轻人的喜好——“简单、粗暴、吐槽、娱乐”，但“字字珠玑，一针见血”，在娱乐的同时又能让用户感受到：“嗯，确实是这样，我就是这样的星座”（见图 2－2）。

图 2－2　同道大叔的部分漫画内容

当然，同道大叔成为 IP 的过程中肯定不是靠简单粗暴的“漫画”，一针见血地“分析吐槽”，而有着更多的形式。首先，同道大叔开设了线下实体店“同道咖啡馆”，让粉丝们能更深入地体会到有着同道大叔风格的星座文化；其次，举办大型互联网体验式时尚展会，让更多的地域粉丝能感受到自己的文化；最后，推出周边产品，比如服饰、家居、文具、休闲食品、动漫，等等，让粉丝能从更多的渠道去了解“同道大叔的星座文化”。

所以，同道大叔绝对不是昙花一现的“网红”，而是有着高忠诚粉丝、有着持续影响力、有着高商业价值的明星化的 IP 型管理者。

为什么这么说，我们先来看看明星和网红都有什么区别？明星是指在某个领域里有一些广为人之的影响，比如音乐、电视剧、电影、体育、话剧等。他们通常都有一定的影响力，拥有很多粉丝；网红是指在现实或网络生活中因为某个事件或者某个行为而被网民关注从而走红的人。他们的走红通常是因为某个行为在网络下被放大的作用，抓住了网民的审美、娱乐、刺激、偷窥、臆想以及看客的心理，有意或无意间受到追捧。一旦这种心理消失或被充分满足，网红就失去了关注。但明星不同，只要是因作品红火起来的明星，其行业地位和在粉丝心中的地位都不会因为时间而消失，即使会沉寂一段时间，但是，只要能拿出好作品，很快又能受到追捧。所以，现在也有不少多网红往明星化的方向发展（见图 2 -3）。

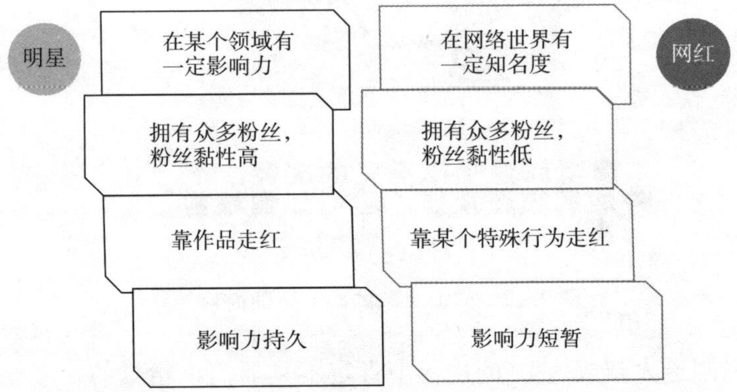

图 2 -3　明星与网红的区别

所以，管理者不能做稍纵即逝的网红，而是要做高素质的、被作品支持起来的明星。如此，才能保证自己的长久影响力。同时，也能给企业带来正面的影响。不过需注意：明星的作品是靠音乐、电视剧、电影、体育来支持，管理者的作品是靠业绩和产品。

1. 价值观，是明星化的内容基石

价值观是 IP 内容是否具有开发和传播价值的第一标准，明星 IP 的载

体作为文化商品是具备经济效益与社会效益，因而在传播的过程中必然会对粉丝的精神思想产生影响，所以载体呈现的价值观必须正确，且必须是与社会共同认可的核心价值相契合。因为只有 IP 内容得到用户认可，才有可能聚集更大范围的粉丝效应。因此内容载体也必须传递正确的、受社会认可的价值观。

刘强东的“员工宿舍和买房事件”，为什么能受到广泛传播的同时还受到赞誉，就是因为他传递了一种正确的、受社会认可的价值观——“好老板都是爱护员工，能为员工着想”。

2. 形象，是明星化的基本单元

个性鲜明的角色形象是明星 IP 的基本单元，不过需要时代化的个性予以支持，并与用户的生活环境发生链接。比如现在当红的鹿晗、吴亦凡等明星，就具备了时代化的个性，且能与用户的生活环境发生连接，因为现在的用户崇尚个性，但又不能与以往的明星一样高高在上，在具有个性的同时又是接地气的，产生的行为也在普通人身上发生。像这样的形象才能具备高识别性，并能不断地进行发散演绎，从而受到广大用户的喜爱。

管理者打造的 IP 形象也必须符合这一点，以往的管理者形象是草根出身、白手起家，是一个传奇，但现在的时代已不是以往的时代，大多数的人都是大学毕业，甚至不少名牌学校毕业的。

3. 多元演绎，是明星化吸引粉丝的利器

是指在不同的内容载体上对故事进行衍生，通过持续建立情感来扩容用户，并将更多的用户转化为利器。对于明星化的 IP 来说，无法得到用户的持续认可，其商业价值就无法得到最大程度的实现。多元演绎不仅是明星 IP 吸引用户的关键要素，更在维系超级“粉丝”的过程中发挥着极为重要的作用。多元演绎就是要不断衍生强化粉丝效应，延长 IP 的生命周期，实现明星 IP 的可持续开发。

就像刘德华，为什么能成为演艺圈的常青树，且拥有着至高无上的地位？就是因为他能多元演绎自己，不管是音乐、电视剧、电影还是其他方面，其都能从不同的方面吸引不同的粉丝。管理者的IP如果要明星化，也需要做到这一点。不但能通过企业本身展现出自己吸引人的一面，也能从其他方面展现出自己的魅力。就像是雷军除了开发布会展示自己的魅力，还会通过演说，上综艺节目，唱歌出唱片来吸引用户的注意力。但需要注意一点，管理者IP化的目的是为了管理，所以其多元演绎的重心还是要放在管理本身，放在企业的运营发展上。

2.2 有强基因的管理者，才能成为 IP

一个成功的 IP 型管理者并不容易塑造，在选择成为 IP 型管理者之前，要先看看自己身上是否具备成为 IP 的强基因。

马云，阿里巴巴集团主要创始人，现担任阿里巴巴集团董事局主席、日本软银董事、TNC（大自然保护协会）中国理事会主席兼全球董事会成员、华谊兄弟董事、生命科学突破奖基金会董事。马云显然就具备了成为一个 IP 型管理者的强基因。可以从以下几个方面来体现。

首先，马云是个随时随地能创造金句的人。比如“后悔建立了阿里巴巴”，因为这么一句话，网上便有了“悔创阿里杰克马”的调侃。很多人都认为马云是因为自己成功了才这么说，也只有像他这样成功才敢说这句话。其实，有这种想法的人其接受的信息都是片面的，他并没有完整地听完或看完马云的整段采访。

马云说：“我有生以来最大的错误就是创建阿里巴巴。没料到这会改变我的一生，我本来只是想成立一家小公司，然而它却变成了这么大的企业。如果有来生，我不会再干这一行。我希望有机会到世界上任意一个国家，平静度日。我不想谈论生意，我不想工作。”整段话的意思很明显，因为阿里巴巴他已经忙得很少有私人时间，自己的时间基本上都在工作中度过了。所以他的意思是劝人不要把时间都花在工作上，还是要有私人的时间，否则成功了也没有什么意思。但不管马云想表达什么，还是用户是否理解了马云所说的话，马云的这句话成为了“流行”却是事实。当然马云创造的流行金句远远不止这么一句，只要是公开场合，他都能随时随地创造金句。

其次，能制造事件。事实上如今的马云已经勿需制造事件了，他的一举一动都备受关注。但是马云却能制造出一些让人意想不到的事件，引发更高的关注度。比如参加音乐节，在台上连唱几首歌；比如参演电影《功守道》，且作为男主角的身份（见图2－4）。这些与其本职工作无关的事件，更能引起用户的关注。

再次，能抓住流行。微博、微信、直播、小视频、电影，马云也是玩得非常好，且通过这些传播渠道又洗了不少分。

然后，敢于自黑。马云是一个能随时随地创造金句的人，更是一个能自黑的人。他经常调侃自己的外貌、调侃自己上学时的数学成绩。而这种自黑，不但让用户无法用这种缺陷去攻击他，还因这种缺陷让用户觉得马云更接地气，感觉马云也不是神人，他也是一个和我们一样上学时考试经常考不及格的人。

最后，敢说敢言。马云的多数金句，来自于他内容的震撼，别人不敢说的，他都敢说。比如“中国商人千万别在XX上混”，“细节好的人一般格局都差”，“我希望支付宝能够让任何一个老太太的权利，跟银行董事长权利是一样的”，“事实上，花钱是门大学问，特别是像我们这样的人，都不知道该怎么花钱。”

图 **2-4**　马云担任电影《功守道》男主角

显而易见，这些就是马云能成为 IP 型管理者的原因之一。从马云的案例中，我们可以总结出成为 IP 型管理者应该具备的几种强基因。

1. 是否能随时创造金句

金句，就是指管理者能说出一些广为流传的话来，且带有明显的个人风格。有些管理者口才好，有着能创造金句的强基因，但不是每个管理者都带着这种强基因，所以只能靠后天学习。管理者可以按照以下的方法来创造金句。

第一种，惊奇法。就是在想传达的内容中加入表示惊奇的词，让人产生吃惊感。比如“就算讨厌我，也请不要讨厌红门”“不是头发在后退，而是我在前进”。

第二种，反差法。就是在金句中加入反义词形成反差感。只要将反义词组合使用，任何人都能够造出金句。心理学上有一个与之相似的法则，称为“得失效应”，在人际交流方面的解释是：“最初的评价是消极的，但在不经意间看到积极的一面，评价就会迅速提高”。比如乔布斯的“加入海军还不如当海盗更有趣。”措辞反差法分为三个步骤，见图 2－5。

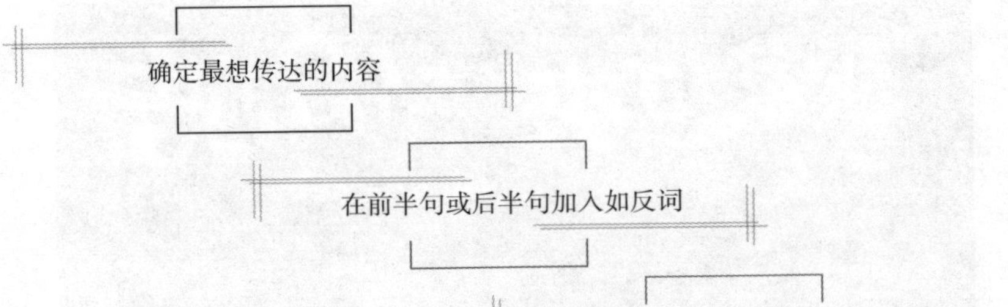

图 2－5　措辞反差法的三个步骤

第三种，反复法。是指把自己所要表达的最重要、最具长远性和最具传播力的信息在反复强化中让用户接受与认可。比如董明珠的“格力空调不涨价，其他空调也难涨价”。管理者可以通过以下三个方式使用反复法，见图 2－6。

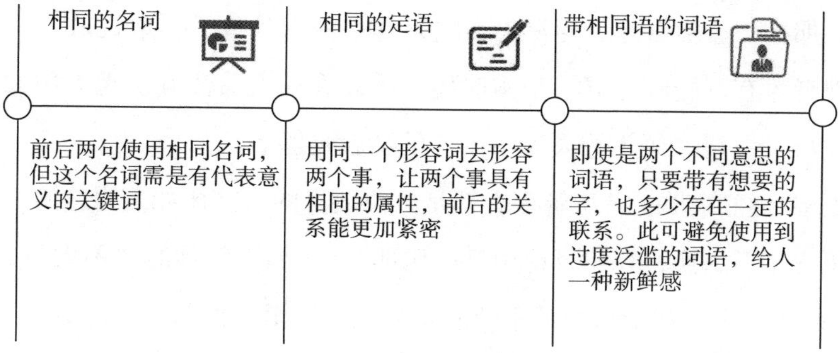

图 2－6　使用反复法的三个技巧

2. 是否能制造事件

事件，是一个管理者受到关注的起点，因而能成为 IP 型管理者必须具备能制造事件的强基因。有了事件就有了争议，有了争议就有了传播，有了传播自然也就有了关注度。比如董明珠走入用户视线的原因就是她跟雷军在 2013 年参加 CCTV 年度经济人物颁奖前的“10 亿”赌局。董明珠说：“小米能超过格力，我赔你 10 亿”；雷军说：“小米超不过格力，我赔你 10 亿。”这种具有冲突性的事件，一下子就抓住了用户的注意力，并且迅速传播开了，董明珠也借着此次事件走进了用户的视野中。

3. 是否能抓住流行

抓住流行就是指管理者能抓住时下最流行的传播平台，为自己吸引人气。就像是雷军，在微博成为最大传播平台的时代，他抓住了，利用微博为自己吸引了人气；后来直播火了，雷军又玩起了直播，进行无人机发布直播，又掀起了一阵小高潮。其实像周鸿祎、罗永浩、罗振宇等知名 IP 型管理者都利用直播为自己做传播。

4. 是否敢说敢言

多数的管理者因为各种原因，通常说话都很谨慎，官话说得让人无可挑剔。那么，这类管理者通常很难成为IP。只有具备了“敢说敢言”基因的管理者才有可能成为IP。很多时候，管理者被人关注其实无需用太多的营销技巧，一句“语不惊人死不休”的话就足够了。

很多已经成功的IP型管理者都是敢说敢言的人。比如董明珠的“我若做手机三年不用换，今年目标销量一亿部”；比如王健林的“不大不大就5个亿”；马云的“我最后悔的事情就是创立了阿里巴巴”；马化腾的“我们也是普通家庭，只是房子比别人大了一点”；雷军的“看了刘强东的采访，瞬间明白了小米为啥这么招骂”；刘强东的“京东集团的净收入将进入世界500强”。

5. 是否有自黑精神

在这个娱乐精神当道的时代，不管是个人还是企业都要敢于自黑自乐，黑到深处自然红。周鸿祎、雷军更是把自黑当作家常便饭，黑起自己来丝毫不费力气。周鸿祎在参加亚布力峰会时，就把自黑精神发挥得淋漓尽致。“我为什么要穿一个红衣服呢？因为我的名字叫周鸿祎。但是大家都给我读成周鸿wei，为了加深大家的印象，我就穿红衣服，证明我叫鸿祎。可是我穿了红衣以后呢，很多人叫我红衣大炮，其实我不是大炮，顶多是小钢炮。我们为什么叫360呢？因为我们要做安全，安全是一种基础应用，应该免费。但是同行都不免费，所以他们说我很二。一个很二的人，很250的人，非要做安全的事，也就是做110的事情，250加110不就是360吗？”拿自己的名字、外号以及评价自黑，这种黑自己的方式反而让周鸿祎更加红。

2.3 “人设”是最好的吸粉方式

要说 2017 年最火的关键词是什么，那么肯定是非“人设”莫属。许多明星都在传播“人设”，有些传播得很成功，有些很失败，也有些是原先成功，后来失败了，也就是“人设崩塌”。“人设崩塌”是指原本形象因某件事而声名具毁，颠覆了大众对他原有的认知。

管理者们现在也在大谈“人设”，毕竟 IP 型管理者这么多，领域也越来越细分，要想突出重围，必须要有个性才有识别。那么，管理者的“人设”该如何打造呢？且怎样才能不会崩塌呢？

“人设”即管理者的人物形象设定。对于管理者而言，人设是其 IP 建设中的人物形象的重要一环，它是一种无形资产，IP 本身就是知名度，有了知名度自然就会有凝聚力与扩散力，继而成为推动企业发展的动力。而人设传播就是让管理者这个 IP 能迅速占领用户心智，形成深刻印象的有效方法之一。

王石可以说是 IP 型管理者中人设传播最早也是最成功的一个。1995

年，王石被发现腰椎问题之后，王石决定在医生说的“随时会瘫痪”的诊断之前去一趟西藏。但这趟西藏之行1997年才成行。不过也是因为如此，王石开始接触到登山，并开始锻炼身体，为登山做准备。2003年，52岁的王石成为了“中国登顶珠峰年纪最大的人”（见图1-8）。之后，王石更是接触了各种各样的运动。至此，王石的人设变成了“探险家、运动家”。但更多的人认为，王石的人设是“不务正业”。

不务正业虽然是一个贬义词，但是王石认为这对万科却有正面的影响。王石说：“其实运动文化对一个企业的形象塑造是有很积极的意义的。比如我登珠峰，开始只是我个人的爱好，但没有想到后来对万科的影响会那么大，而且都是一些正面的肯定意见。”

把运动家人设或不务正业的人设与管理者精神甚至企业精神划上了等号，王石是第一个。但王石“不务正业”的这些年，也是万科发展最快的时期。

在资本市场上，万科的发展就和王石爬珠峰相呼应，其股价从2003开始进入到了整体上升周期；在业务拓展上，万科成为了“中国房地产业领跑者”，并在2010年成为国内第一个销售额超过千亿元的房地产公司。

此外，王石的这种“不务正业”人设，还给万科带来了好处：即使王石卸任总经理，万科依然运行良好，这说明其内部文化和制度做得非常好，否则王石哪来的时间不务正业。

王石在尝到“不务正业”的人设带来的好处后，把这个人设不断放大，不断地扩大自己极限运动的范围。在王石的带领下，许多管理者也开始喜欢上了运动，而万科同样也受到了更多用户的关注。

从王石的案例中，我们可以看出人设传播对一个管理者打造IP的重要性，但是如何才能和王石一样，把一个人设打造得这么成功呢？

1. 围绕辨识度打造人设

现在 IP 泛滥，同质化的现象非常严重。用户对管理型 IP 也分辨不清楚，这对后来者并不是好事。过去信奉实力为王的管理者在想，为什么我的实力一点也不比其他人差，粉丝关注度和粉丝黏性却不高呢？其实原因很简单，就是因为缺乏辨识度。所以打造人设时一定要具备辨识度，能让用户在众多管理者中一眼就知道是你。因为现在这个信息泛滥的时代，用户们需要一套简易的模板将遇到的人分类，如此才能迅速辨别出他们。且在互联网时代，信息泛滥，时间成本增加，用户几乎不太会去深入研究每一个人或事物。

就像王石，如果没有探险家、爱冒险的人设，估计用户看到他最多说一句：“哦，他好像是万科的创始人”，其他的就再也没有印象了。

2. 围绕价值输出打造人设

用户在使用或者消费某件事物时，一般都不会只是因为使用价值而去购买，还会关注它背后的象征意义，也就是符号价值，是他身上的某些价值。就像是罗振宇的人设就是“高知识分子”，其身上的标签“爱智、求真、有趣、有料”。关注他的粉丝也在消费中设想自己与罗振宇一样是“高端、爱读书、有智慧、有价值的”高知识分子，并沉浸在这种特殊身份中自嗨自乐。罗振宇的这种围绕价值输出的人设打造，并单纯让用户获取使用价值，更能打动他们。

用户在追求自我中，重视丰富性、自足性，强调自我价值的实现及社会归属感与身份感，所以，由人设传达出的管理理念和价值观更能提高用户的忠诚度。

3. 根据用户情感需要打造人设

一个有喜怒哀乐的管理者，可以一下子拉近与粉丝的情感距离。不管是高冷风、逗逼风，还是闷骚型、文艺范，有个性的管理者总是有超强的吸引力。但是，在打造这种个性人设时，需要从用户的情感需要出发，唤起或激起用户的情感需求，用人设来诱导用户心灵上的共鸣。一旦用户在管理者的IP中获得了这种情感上的满足，获得了心理上的认同，那么管理者和用户之间的关系就会更加亲密。

比如咪蒙，她就是内心强大、语言犀利的人设，表达出众多女性追求自由展露个性的心声。咪蒙的粉丝不仅喜欢她的文章，更爱她的人设给她们带来的情感上的满足。

4. 根据用户定位打造人设

管理者人设不是用来自嗨的，而是要让用户在这个基础上产生认同与信任，并愿意关注你，最好去消费企业的产品。和内容生产一样，人设的打造不仅要根据用户的需求，还要根据用户的定位。比如陈欧的粉丝是以女性用户居多，那么他的人设就要偏向女性的需要，如关注时尚、更加娱乐化；比如马云的粉丝大多数是男性，所以马云的人设之一就是创业导师，时不时地爆出警醒年轻人该如何创业的金句。

2.4 价值观输出：高度、精度、速度

价值观输出是打造 IP 型管理者的重要部分，一个管理者能不能吸引用户、能不能受用户认可、能不能让用户产生“宗教式”的黏性，就看其价值观输出质量的高低。一般来说，价值观输出需要掌握三个要点：一是高度；二是精度；三是速度。

雷军最为经典的价值观输出就是被封为互联网思维的“专注、极致、口碑、快”。最早提出互联网思维，并把互联网思维做总结的并不是雷军，雷军提出自己对互联网思维的理解是在互联网思维开始被说烂的时候，他按照自己的理解以及自己多年的行业经验对互联网思维重新做出了诠释。

雷军的这次互联网思维价值观的输出，可以说完全做到了高度、精度、速度。高度，提出了自己的全新的理解，并提出了事实证明；精度，是他在 2014 年 IT 领袖峰会上提出的，峰会的主题、参加的群体、关注峰会的用户都是与互联网相关的，他提出的新互联网思维观念也能很快就被理解，在有事实依据的情况下，也能很快得到别人的认同；速度，“专注、

极致、口碑、快”就是雷军打出的强概念。这个强概念是在大众已经熟知的概念上延伸而来的，并不是自己在毫无根据的情况下演绎出来的，所以用户接受的速度非常快。

雷军在参加2014年IT领袖峰会上对互联网思维的重新诠释大体内容如下：

在会上，雷军表示自己在用户体验上做到了极致：“我们竭尽全力用最好的材料做最好的手机硬件，通过互联网方式在安卓基础上做了我们的系统，每周迭代，使小米手机内在体验远远超过同行。最近我们发布了一个小应用，2万多个咖啡厅、餐厅、机场、火车站，那些免费安全的WIFI小米能一键接通。这是我们和免费WIFI服务商合作，不需要输账号、密码，就问你要不要接入，而且安全可靠，极大地提升了用户体验。我们整个小米继承了从设计、研发、供应链管理到市场、渠道、销售、服务全部一体化，用电商模式极大地优化了小米。这样小米接近成本价零售，构建一个移动互联网平台。”

对于口碑，雷军是这么理解的：“口碑的传播是超预期。当你跟服务员要密码的时候，第一次要的不对，还要第二次的时候，你掏出小米手机，它自动问你是不是连接，你说是，自然就连上去了。”

对于专注，雷军是这么说的：“我们极其强调专注，为什么呢？因为不专心，你肯定做不好手机。只有你很专注、产品很简洁，当把一款产品做到天文数字的时候，才能真正做好。有了专注后，我们还强调极致。要么你不做，要么你就做极限。”

对于快的诠释，雷军如此表示：“诺基亚时代，三五年不更新一次系统。苹果每年发布一次，google每个季度发布一次，小米是每个星期更新一次，我们就是用这个效率。”

从雷军的案例中，我们可以看出输出各种观念是打造IP的关键所在，从实战的角度来说，正确、高效的价值观输出，是 IP 打造得以成功的基础。那么，管理者如何把自己的各种观念输出出去，且达到应有的效果呢？就如上文所说，需要掌握高度、精度、速度三个要点。

1. 掌握决定生命力的高度

高度是管理者输出各种观念的根本所在，决定着 IP 的生命力，是基于人性、道德、为社会和人类所认同的观点，是道德所在。否则，即使是靠取巧的方法或貌似科学的技巧获得短暂的关注度，也是昙花一现，终将被用户所淘汰唾弃。比如当年在《非诚勿扰》中的马诺，虽然因为“宁愿坐在宝马车里哭，不愿坐在自行车后座笑”取得了不小的关注，但是这个关注是非常短暂的，不但被用户所唾弃，更被相关部门拉入了黑名单，禁止其从事任何公开的商业活动。那么，如何才能构建价值观或人生观的高度呢？符合以下几点即可，见图 2－7。

图 2－7　价值观输出需符合的四点要求

2. 掌握决定效能的精度

管理者只是个体，资源是有限的。因此，在输出价值观时，要懂得用有限的资源，发挥出最大的效能，获取用户的关注。而效能的高低就由输出价值观的精度决定。这个精度的问题，在本质上就是定位。就是具体要输出什么样的价值观，要用什么方式，输出的对象是谁，在什么平台输出，要用多少成本去输出价值观。具体而言，在把握价值观输出的精度时需要遵循“五对原则”，见图2－8。

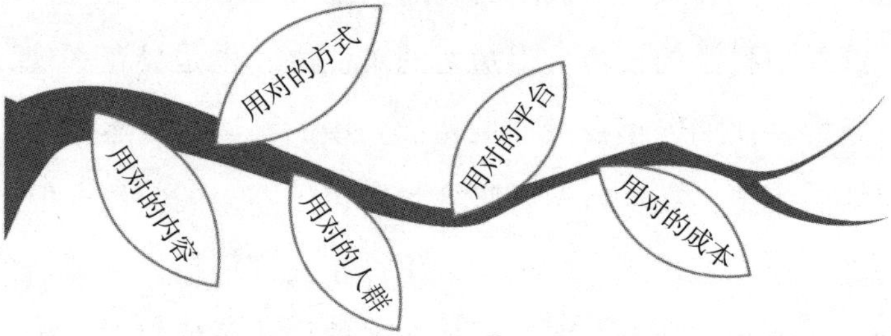

图2－8　价值观输出的“五对”原则

3. 掌握决定成本的速度

对于一个组织而言，速度决定成本，时机更是意味着财富。对管理者的IP打造而言也是如此。在信息时代，每天都有新的概念、新的思想出现，如果在发现一个新的价值观时不能掌握先机，被他人捷足先登，那么就意味着你将被淹没、被遗忘、被隔离。但是，有些管理者虽然最早提出某个概念，但是却没有用户认同，反而晚一步的管理者受到了关注。这也就意味着，价值观输出的速度不止是时间原因，还有其本身价值的原因。

价值观输出的速度就像是高铁，铁轨决定了能承受多快的列车，列车本身的动力决定了自己能跑多快。所以，每个IP型管理者都在利用各种平台（铁轨）来输出价值观，因而能决定其速度的就是价值观的本身。在同样的平台上，有的价值观输出，一下子就汇聚了用户的焦点。那么，其是如何做到的呢？其实很简单就是输出强概念。强概念就是输出速度快，而快就能掌握先机。这个强概念包含的信息必须拥有以下的特点，见图 2－9。

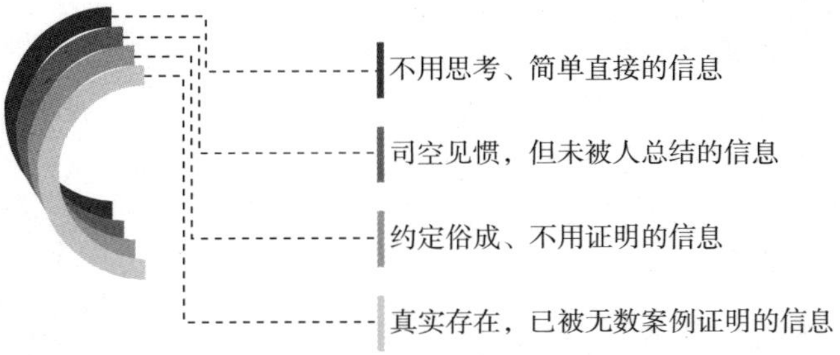

图 2－9　强概念包含信息的四大特点

那么这个强概念该如何打造？可以通过以下的方式，见图 2－10。

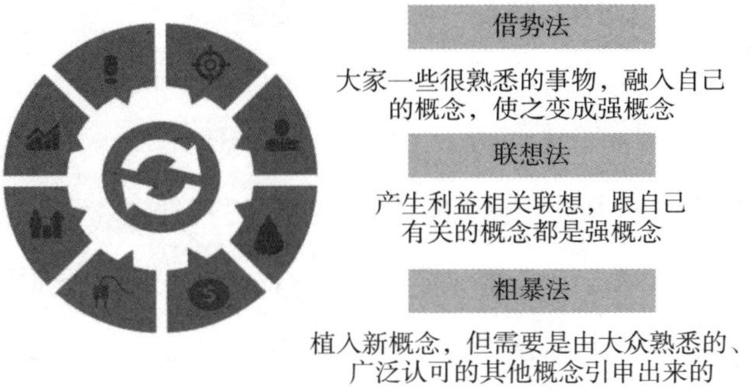

图 2－10　强概念打造的三种方法

2.5 每个 IP 的背后都有一个故事

我们可以发现，但凡是已经成功打造成 IP 的管理者，背后都有一个好故事。如马云、潘石屹、刘强东、陈欧、王石……这些 IP 型管理者身上都有一个故事，且都是同中有异。但是我们可以发现每个故事传播后，他们身上的 IP 光环就会更深一层。所以，在塑造 IP 时，为管理者量身定做一个故事是必不可少的。

要说故事营销，最为典型的应该是褚橙的故事。同样都是橙子，为什么褚橙却成为了众人眼中的励志橙？它是怎么做到的？其实就是通过故事（见图 2－11）。

褚时健原是大名鼎鼎的烟王，鼎盛时期给国家创收了 1000 亿元的税收，可以说是烟草业曾经的符号性人物。后因事入狱。2002 年，出狱后的褚时健已年届 75 岁，但他却在如此高龄的情况下在哀牢山下种起了橙子。

从 2002 年到 2017 年，现已经 90 岁的褚时健还能保持每个月下地 8 到 10 天，对果园做到严格管理。从玉溪到哀牢山，200 多千米的山里，行程

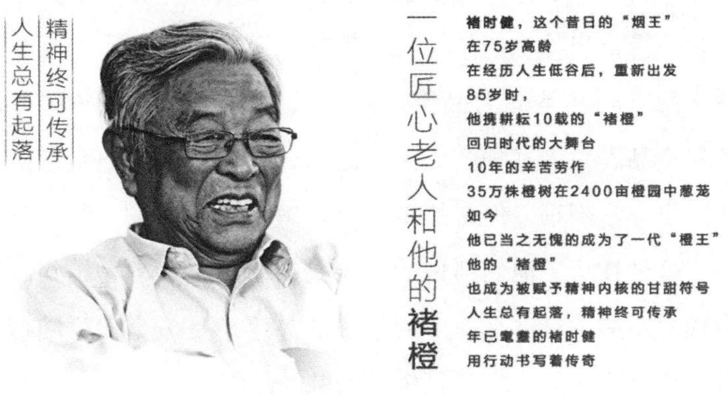

图 2－11　褚时健的故事

至少 3 个多小时，但是只要通知开会，褚时健绝不迟到。

刚开始时褚橙的生产和销售都不乐观，但褚时健并没有放弃，一次次地对橙子进行改良，还利用互联网做起了电商。而让褚橙大卖的则是褚时健在互联网上疯传的奋斗故事，用户把褚时健的精神与经历投射到了橙子身上，从而使橙子变为褚橙，并与褚时健一起开始了他们的“橙王”之路。

褚时健的励志故事，证明了故事营销的效果。所以，一个成功的 IP 一定少不了故事包装。

1. 用故事改变管理者固有形象

为什么管理者都热衷于用故事塑造 IP？著名营销家吉姆·西诺雷利说过：“离开故事的品牌不会走太远”。这句话放在 IP 塑造上同样适用。

20 世纪 60 年代，施乐就已成为全球知名的品牌，大多数企业都在使用施乐牌复印机。之后，施乐想多元化发展，进军电脑和数据领域，但结果却以失败告终。

与之相反的是苹果公司，苹果原本只是一家生产电脑的品牌，但后来它的业务发展，生产了电话、平板、手机、电视机、智能手表等各种各样的产品，但不管推出什么产品，用户都能毫无异议地接受。

为什么两家同样是知名品牌，发展其他业务时的结果却有这么大差异，因为一个品牌凭借某种产品出名之后，很难改变用户对它的看法，即使有可能，也非常困难，但是故事却可以解决这个难题。很显然，苹果公司就掌握了这种技巧。他们销售的不止是品牌，更多的是销售故事。苹果用故事向用户塑造了自己是一个创新性的品牌，是一个随时随地给用户惊喜的品牌，绝对不止是一家只是生产电脑的品牌。

IP 塑造也是同样的道理。不少管理者以往留给外界的形象都是非常固定的，要想扭转外界的固有印象，对其有个新的认知，故事无疑是最好的方式。

比如以往用户对王健林的印象就是传统的、高高在上的管理者，但是在某档节目中，王健林向大家讲了一个与其子王思聪之间相处的故事，瞬间就改变了外界对他的印象，觉得他与普通人是一样的，也是非常接地气的。而这无疑对他塑造个人 IP 形象起到了极大的作用。

2. 用故事塑造管理者真实性

故事我们从小听到大，然而要讲一个好故事，并且把真实包含在其中，让用户接受故事，认同故事的真实性，而不是瞎编乱造，则需要具备以下几个要素。

要素一：故事的构成。一个真实的好故事主要有三个方面构成，见图 2-12。

要素二：故事的诉求。故事的诉求就是得到用户的认同，需要把情节讲出来，并把态度与价值观展示出来。但这并不代表要把它们展示得一览无余，而是要让用户自己去思考，自己去寻找认同感。

要明确一点：讲故事并不是纯粹地颠覆与更新对方的观念，更多的是

人物	故事中不止需要企业家这个主角存在，也需要其他人物存在，或是辅助角色，或是给企业家留下一个难忘经验、立志发奋图强的角色
情节	可以曲折、可以惊险、可以搞笑、可以离奇，但一定不能让人们听了感觉乏味与雷同
主题	追寻自己的梦想，实现自己的目标，不管这在其他人眼中这个目标是疯狂还是渺小

图 2－12　好故事的三个构成因素

通过精彩的故事，巧妙的构思以及紧张的情节，把用户以往知道的知识、价值观、人生观、世界观巧妙地连接起来，引导或是暗示用户去了解、思考管理者们想要展示的东西，比如人设、企业经营理念，以此来获取用户的认同。

要素三：故事的背景。从挖掘背景故事开始，找到可以把故事讲得更加真实、动听的素材，可以从管理者的奋斗经历、求学经历等方面入手。

要素四：故事的定位。故事定位分为两个方面，见图 2－13。

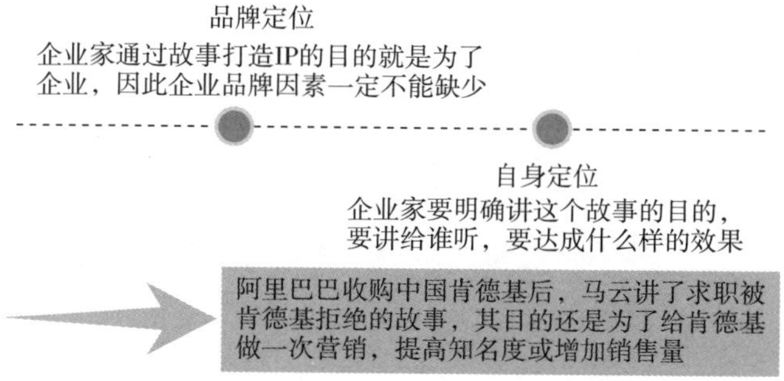

图 2－13　故事的两个定位

第3章

内容：从销售产品到输出信息价值

以往的管理者向用户输出的都是产品，在用户面前输出的信息都与产品相关。成为IP型管理者，就不能只单单销售产品，而是要改变方向，给用户输出信息价值。换句话说，就是给用户输出一个具有高识别度、原创的、观点犀利的、真实的、符合用户需求的内容。

3.1 给用户传递一个高识别度的内容

现在是信息大泛滥的时代，每天都会产生数以亿计的信息，信息同质化现象也越来越严重，管理者输出的内容如果不具备高识别度，很快就会被用户忽略，淹没在信息的海洋中。高识别度的内容是指其内容必须具备差异化、个性化两大特点。你在说“互联网思维”，我也在说“互联网思维”，但因为缺少个性的内容，用户无法从“互联网思维”这五个字中看出输出者的个性风格，更看不出有什么差异。

王尼玛输出的显然就是具有高识别度的内容。王尼玛是暴走漫画的官方主编，《暴走大事件》的主持人，其开创、合作的栏目包括《每日一暴》《暴走看啥片》《不要脸脱口秀》《何爷日暴暴天下微电影系列2016》。在互联网上类似王尼玛的这种自媒体有很多，但是为什么只有他做成功了呢？其实就是因为他输出的内容有着高识别度，而他的高识别度就是由差异化和个性化来体现的。

就以让王尼玛爆红的《暴走大事件》来说（见图3-1），作为一个网生脱口秀节目，全网集均播放量达到3000万。这档节目的高识别度主要体现在以下三个方面。

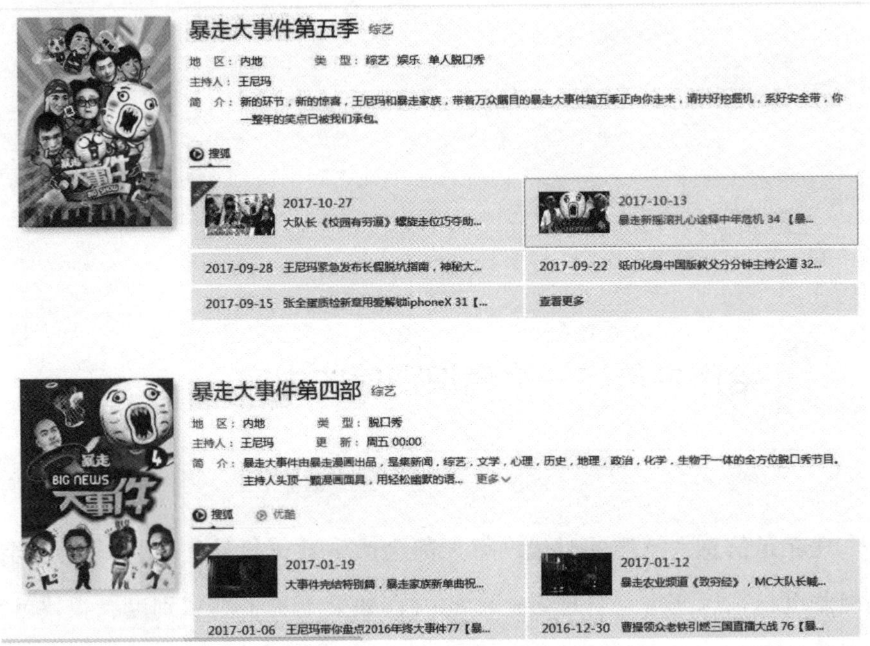

图 3－1 《暴走大事件》

（1）创新的播报方式。与时下的同类型节目以严肃、简单的事实播报的方式不同，这档节目以时事、社会新闻、娱乐热点为素材，以爆笑吐槽的解读方式，用一个又一个段子去包装，同时配以丰富的表情包和鬼畜视频元素，因而颇受浸淫在网络文化中的年轻人的喜欢。所以，即使不靠明星艺人，也无需靠人气嘉宾，《暴走大事件》仍然可以凭借鲜明特色、创新的方式，让王尼玛成为最受年轻人喜欢的IP。

（2）鲜明独特的特色标签。喜欢观看这档节目的用户都知道，《暴走大事件》是建立在《暴走漫画》基础上的，因而在节目中随时可以看到用《暴走漫画》的人物形象制作而成的表情包。这种由自己创作的表情包让

《暴走大事件》贴上了鲜明的“暴走”表情，用户一看到这个视频，就知道这个节目是王尼玛制作的节目。

（3）不因播放量舍弃价值观。《暴走大事件》虽然是以另类的方式来对当下的热点事件进行评论，但是却不代表其传递的价值观不正确。很多网络喜欢评价该节目“三观很正”“说出了自己想说的”，更曾有知乎网友把热衷暴走文化的一群人描述为“年轻、积极、思想开放而活跃，面对现实有些叛逆，但又保持着自己的信仰和价值观”。显而易见，《暴走大事件》做了非常明确的取舍，不像一些节目为了博眼球、提高点击率而用一些“吸引人但价值观不正确”的方式。

从以上的分析可知，王尼玛对用户输出的内容就是具备了高识别度，让用户一看到就知道是王尼玛创造的内容。

1. 从差异化入手打造高识别度内容

差异化原是指为使企业产品、服务、企业形象等与竞争对手有明显的区别，以获得竞争优势而采取的方法。这种方法的重点是创造被全行业和用户都认为是独特的产品和服务。采取差异化方式去打造产品或服务，可以起到以下三个作用（见图3-2），而这一点在IP打造中同样适用。因为内容也可以算是一种产品，用户通过“内容产品”认识管理者，并产生黏性。

图3-2　差异化给企业品牌带来的三大好处

如何才能让自己输出的内容呈现差异化呢？可以从以下几个方法入手。

第一，要有独特的价值诉求。就是输出的内容要和其他竞争者相比有很大的差异。价值诉求主要有三个方面（见图3－3）。这三点就构成了内容的价值诉求，而这三个问题的选择需要与同类型的管理者区别开来。比如想要和马云或雷军这种超级IP做竞争，那是不太可能成功的。因此，要想获得成功，其输出的内容就必须要采取一种独特的视角，满足一种独特的需求。

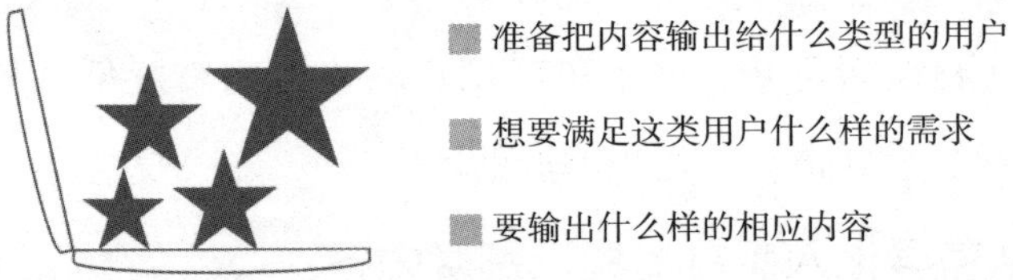

图3－3　价值诉求的三个方面

第二，要做明确的取舍，并确定哪些内容不写。正所谓“鱼与熊掌不可兼得”，有些管理者就是因为想要的太多，不愿意取舍，所以其输出的内容就缺乏辨识度。每个人的精力有限，不可能面面俱到，因而很多时候输出的内容质量就会下降，也很容易与其他人输出的内容产生雷同。有一个明确的定位，就能更好地使内容体现差异化，使之有更高的识别度。

第三，不断创新。创新是最能保证内容差异化的方法。这种创新是指从未出现的内容，能满足用户从未出现过的需求。比如罗永浩提出的“工匠精神”、“情怀”；周鸿祎提出的“大安全”；马云提出的“新零售”。从无到有的创新是很难的，所以要在内容上进行微创新。这可以从两个方面入手：一是从自己以前输出的内容中进行创新；二是从其他人输出的内容上进行创新。比如雷军的互联网思维七字口诀，其实就是对旧有互联网思维的创新。

2. 从个性化入手打造高识别度内容

此处的个性化是指管理者输出的内容必须有自己独特的个性风格，让用户看到某篇文章或听到某句话就知道是你。一旦输出的内容具备了强烈的个人风格，那么其内容就具备了高识别度。其实这就像文人的文风一样，同是唐代最著名的文人，李白的文风的最大特点就是“热烈奔放”；杜甫文风的最大特点就是“沉郁顿挫”，两人的诗一拿出来，我们就可以分辨出哪首诗是李白的，哪首诗是杜甫的。

如何才能让自己的内容有强烈的个人风格呢？可按照以下三点进行，见图3－4。

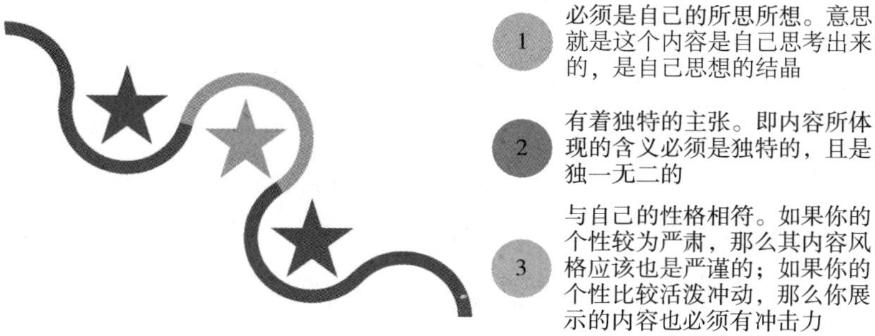

图3－4　使内容具备个人风格的三个方法

3.2 拒绝跟风与抄袭，原创为王

2017年2月6日，星巴克推出了一篇动画，是为情人节特别制造的，名为《比格犬的爱》。故事发生在星巴克咖啡店里，作者Alexa想让自己的小说有一个完美的结局，主要情节是“英雄浪漫表白”，但是一时间却找不到写作灵感。此时，古灵精怪的比格犬Chet突然出现，捧着一块木头，唱着情歌，向美丽善良的棕熊店长Julie表白了。这段漫画是星巴克原创迷你动画《1st& Main》系列的收尾篇，系列动画成为了星巴克自制动画短视频的首秀，受到了很多好评。

这种方式是星巴克的首创，完全打破了以往的广告模式，让用户眼前一亮。在广告界有这样一个现象，一个广告的形式或内容有效果，就会被跟风，不少企业都会模仿，甚至还有些企业直接抄袭。到了最后，每个企业的广告都大同小异。而星巴克拒绝了以往咖啡界流行的“浪漫、文艺”的广告形式与内容，创造了一种新的形式。结果显而易见，效果非常好。

其实打造 IP 也一样，不要老是模仿和抄袭别人的内容，要创造出独属于自己的内容。这个现象在管理者身上其实非常泛滥，每次一个人提出一个新概念时，其他管理者也跟着模仿，比如互联网、+O2O、股权、合伙制等。这些新的概念一提出来，就可以看到每个管理者也跟着谈论这些新概念，也不管这个概念和自己的企业是否有联系。

出书是很多管理者输出内容、打造 IP 的重要手段，且都获得了不错的效果，黎万强就是其中之一。黎万强是小米科技有限责任公司联合创始人、副总裁，主要负责小米的市场营销、电商和服务，获得中国十大营销人物与中国设计业十大杰出青年等荣誉。在小米公司中，除了雷军，黎万强就是最红的 IP 型管理者了。而他走红的方式就是以图书的形式进行原创内容输出（见图 3－5）。2016 年 3 月，黎万强以 390 万元版税收入在第十届作家榜全新子榜单“企业家作家榜”上排名第五。

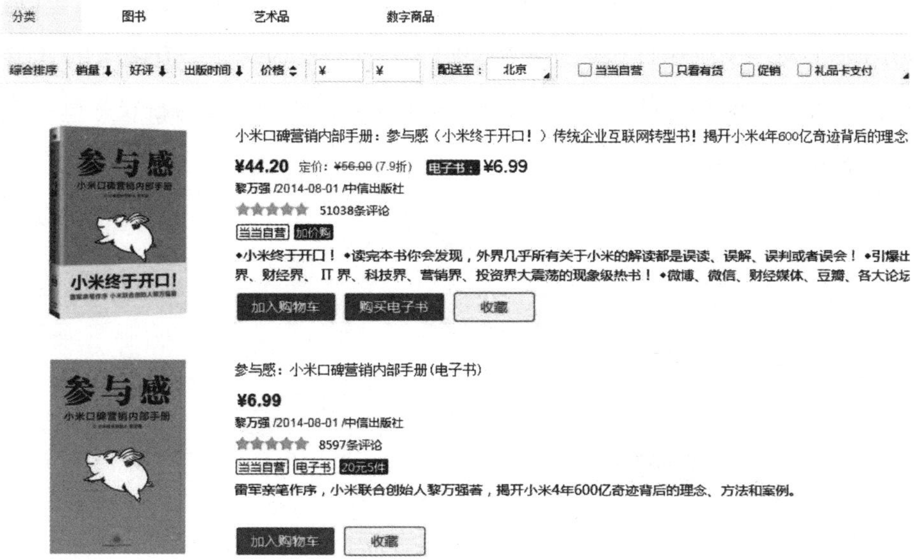

图 3－5　黎万强的《参与感》在当当网上销售

《参与感》是黎万强的代表作，其中最著名的概念就是“参与感三三法则”（见图3－6）。这个法则是小米不花广告费，但做出一个千亿级品牌的核武器。很多管理者都在说做社会化媒体，都讲“病毒营销”时，黎万强不说这个，而是提出了在当时还是个全新的概念“参与感”。这个“参与感”概念提出后，一时间掀起了全民学习小米模式的热潮，黎万强更是一时风头无两。

01	02
三个战略	三个战术
做爆品	开放参与节点
做粉丝	设计互动方式
做自媒体	扩散口碑事件

图3－6　黎万强在《参与感》一书中提出的“三三法则”

2014年年底，黎万强离开了小米，一时间黎万强沉寂了下来。但是2016年的第一个工作日，黎万强又回归了，这一次他又凭借升级版的《参与感》吸了一堆粉，重新回到人气IP型管理者的位置。他的新观念包括以下几个方面，见图3－7。

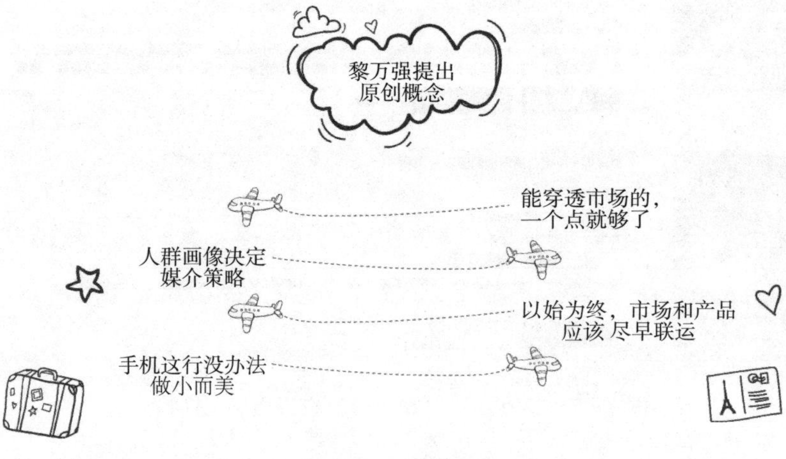

图3－7　黎万强提出的新概念

其实相比于同公司的雷军，黎万强甚少在公开场合露脸，也未像雷军一样出专辑、做直播来吸引人气，但是他的人气却不比雷军差，其原因就是黎万强给用户输出了一个原创的、创新的、有着自己特色且被事实证明过效果的内容。

管理者们该如何打造自己的原创内容呢？抄袭其实就不用多加赘言，抄袭的内容肯定是不被用户所接受的，这每个人都知道。要做好原创内容，可以从两个方面入手：一是分清跟风的界限；二是掌握内容原创的技巧。

1. 分清跟风的界限

很多时候，当商界、管理界出现了一个新的概念后，管理者们就开始随时随地把这个新概念挂到嘴上。比如共享经济出现后，就有不少管理者也在“跟风”和用户分享与共享经济相关的一些内容，似乎只有如此才能证明自己是一个能“高瞻远瞩”、走在时代前沿的管理者。甚至有些人不止嘴上提，还用行动表明了自己在“跟风”，比如共享单车出现后，出现了大量类似的共享充电宝、共享雨伞等，最后证明“跟风”的结果是失败的。

但是如果按照上文的叙述，是不是就不能“跟风”呢？是不是在向用户输出内容时，管理者就不能谈大家都在谈论的东西，或者做大家都在做的东西呢？其实任何事情都不是绝对的。“跟风”不是不能做，而是要分清“跟风”的界限，以及你能不能把“跟风”做成独属于自己的“龙卷风”，有自己的特色，甚至超越他人。

就像是共享经济这个新概念提出后，就人人都在谈论共享经济，但是很多管理者说的都是同样的一个内容，并没有属于自己的独到见解，即使有，也没有用实践证明自己对这个共享经济的理解是正确的。所以，如果输出的内容一直都是这种形式，那么是很难让用户信服的，更别说因为“内容”而成为你的粉丝。

根据以上的论述可以对是否要“跟风”做出以下的总结，见图3－8。

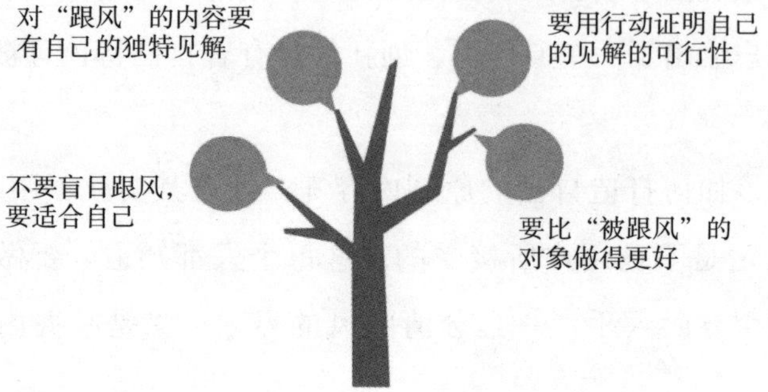

图3－8　跟风需做到的四点

2. 掌握创造原创内容的技巧

原创性的内容其实很好创造，但要创造出高质量的原创内容却很难。那么怎样才能创造出高质的原创内容呢？可按照以下几条标准进行，见图3－9。

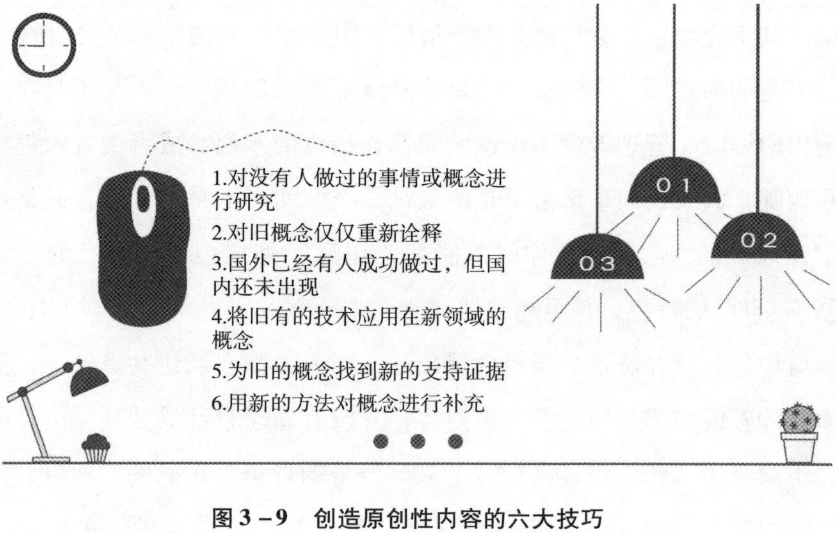

图3－9　创造原创性内容的六大技巧

3.3 观点犀利、一针见血，用户看了才会爽

现在自媒体非常火爆，靠内容创业的人多不胜数，但是做成功的人却并不多。很多人都想不透这个问题。明明自己做到了按时更新，内容原创，题材新鲜，文笔老练的自媒体内容创造要求，但为什么就是火不了呢？其实原因很简单，就是观点不够犀利，无法一针见血。希望通过内容打造 IP 的管理者们，输出的内容再好，如果观点缺乏吸引力，用户同样也不会理睬。

张小龙，Foxmail 创始人，微信创始人，腾讯公司高级副总裁，被誉为“微信之父”，被《华尔街日报》评为“2012 年中国创新人物”。张小龙的风格其实也像马化腾一样，甚少在公开场合露面，但是这丝毫不影响他成为 IP 型的管理者，而他成功的原因就是给用户输出了“已渐渐学”。

张小龙在开发微信时提出了一个新观点：“微信是一种生活方式”。刚开始时，用户认为他就是个“忽悠大师”，都不相信他对微信提出的种种想法。而最后张小龙却用事实证明了“微信确实是一种生活方式（见图 3－10）。”

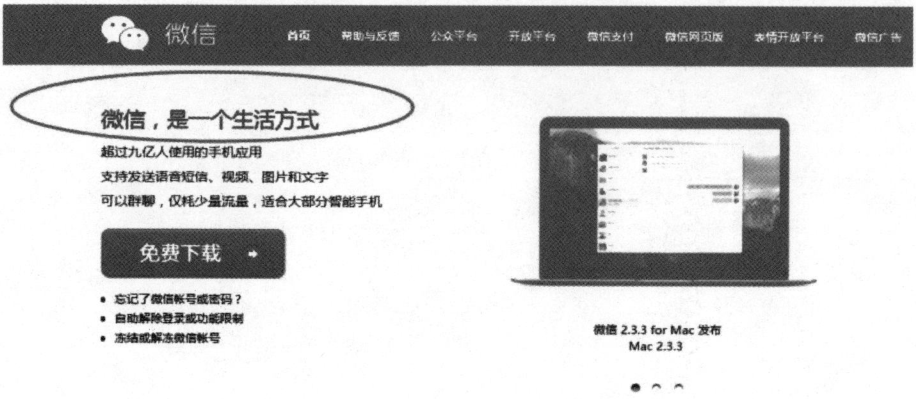

图 3－10　张小龙提出“微信是一种生活方式”

在开发微信的过程中，张小龙不断地提出一些新的观点，而每次的观点都是直接戳到了用户的痛处，而且非常犀利，一针见血。

比如张小龙在一次演说中提出了关于人性的观点：“人是懒惰的、人是跟风的；别人都在用，群体智商低于个体智商；人没有耐心；人不爱学习；用户对随机好奇；伟大产品应该满足人的情感需求、满足人性贪嗔痴；不要改变用户的常识习惯，设计时要顺应日常习惯”。

他的这些观点把人类贬得非常低，好像人类身上就是充满了缺点。最为重要的是，还强调不要改变这些缺点，要满足和顺应这些缺点。如果是其他人说出这些话，肯定会成为口诛笔伐的对象。但是张小龙提出的这些观点却受到了用户的认可。因为张小龙结合微信对这些观点做了一一的解释，而且用户仔细思考后确实也发现自己符合张小龙所说的，不少用户都在感叹，张小龙不愧是微信之父，“对人性是真够了解啊！”。

其实张小龙的类似言论还有很多，而他每一次在输出自己的观点的时候，都能非常犀利地、一针见血地戳中用户。而张小龙也靠着这些犀利的观点成为了独具一格的管理者。

那么，如何才能像张小龙一样提出这样犀利的、能够一针见血，并受到用户认可的观点呢？可以将以下几点作为参考。

1. 做好选题

选题，是第一眼就能吸引用户的关键。选题不好，关注的人就少。在策划选题时可以按照以下三点要求进行。

第一，不符合自身定位的不选。管理者的定位是什么，那么选题的内容也要符合自身的定位。特别是对于那些刚创业的管理者来说，更需要做到这一点，因为要先于别人看到你在行业领域的专业。如果哪一天你和马云、潘石屹一样成功了，就可以勿需要求这一点。但即使是马云，他刚开始给用户输出的内容也是和“互联网”相关。

第二，“烂大街”的不选。许多泛滥的题材，用户已经看了无数遍，各种各样的观点、写法、故事都看过，除非真的有能力再写出一些创新内容，否则，就不要选这种“烂大街”的题材。而且，这种泛滥的题材因为用户已经看过了，所以很难在第一眼就吸引用户。

第三，不要为追热点而追热点。很多管理者喜欢跟风，这一点在上文中就有叙述。当下流行什么热点就输出什么热点。可是很多时候“今天的热点，明天再看可能就是垃圾”。所以，不要为了追热点而追热点。

2. 搜集素材

确定好选题后，立马要做的就是搜集素材。内容输出的素材搜集主要来自于管理实践的真实案例，黎万强的《参与感》，素材大部分都是来自于小米内部，是根据小米成功的经验而总结出来的。如果管理者的企业无法提供充足的素材，那么再好的选题也不能用。

3. 确立主要观点

每个内容都有主要观点，确立好主要观点，才可以衍生出许多小观点，其实就和写论文一样，有主论点和分论点。同时也才能保证自己的观点不会偏离方向，与自己分享的内容相关。在确立观点时，需要做到以下几点，见图 3－11。

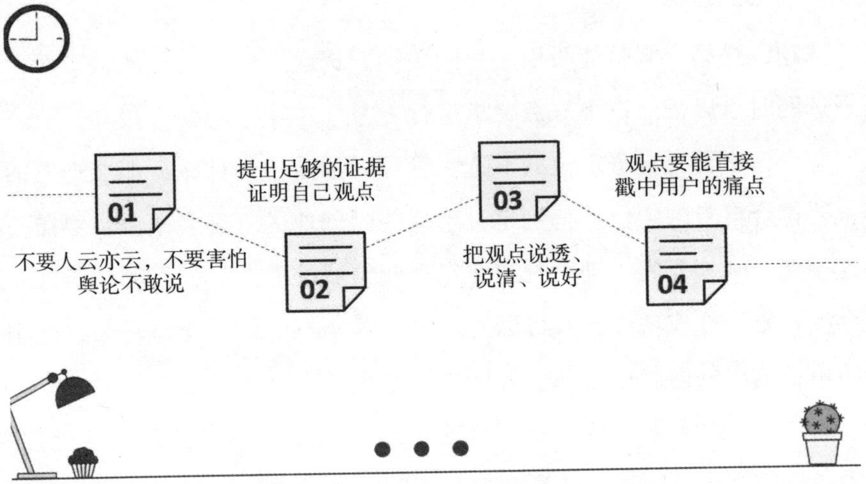

图 3－11　确立观点时需要做到的四点要求

3.4 真实的内容才能引发共鸣

在写作时，我们经常提到这句话“请结合实际”。这是什么意思？其实这不难理解，就是你表达的内容要真实，要用生活中积累的案例去创造内容，这样才能使论证更加有力，更加接地气。创作内容时注意：内容必须是真实存在的，是有事实依据的，如此才能引发用户的共鸣，让用户信服。

相信很多人都看过《对不起，我只过1%的生活》（见图3－12）。2014年12月，这篇漫画文被疯狂转发，微博转发近45万次，阅读量达到2亿次，评论近10万，点赞近37万。这篇漫画的创作者为陈安妮，笔名“伟大的安妮”，是一名漫画作者、快看漫画创始人兼CEO。为什么陈安妮的一篇简单的漫画文会造成如此轰动的效应？其实原因很简单，就是因为它的内容足够真实。

那么，为何要说陈安妮分享的内容足够真实呢？主要体现在以下两个方面：

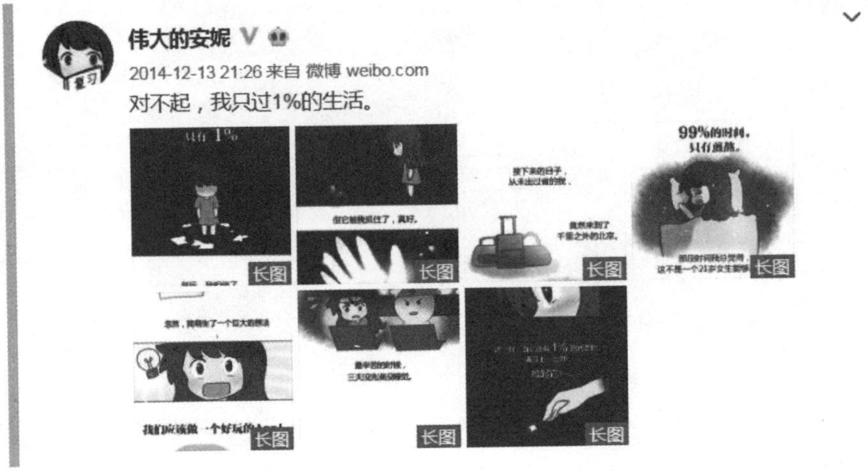

图 3－12　伟大的安妮《对不起，我只过 1%的生活》

第一，细节。陈安妮把追梦过程中最为重要的三个阶段写了出来，且说出了具体的原因，具体内容如下：“2002 年陈安妮 10 岁，喜欢画画。那个时候老师对我说你画得太烂了。所有人都跟我说你成为漫画家的几率只有百分之一。然后我相信了。2011 年，陈安妮考上重点大学，每天很少画画。2012 年，我爸爸出了车祸，家里彻底断了收入来源。这时有人找到我，说兼职画漫画能给我 30 块钱。然后 1% 的奇迹发生了。2013 年陈安妮 20 岁，靠稿费支撑起了这个家。当我站在领奖台上的时候，很多人对我说，安妮，你真的很适合画漫画。但是没有人知道，它曾经破碎的只剩下 1% 的希望，却被我抓住了，真好。”

第二，有共鸣。陈安妮在追求梦想的过程中遭遇了很多困难，但是陈安妮却坚持下来了。追梦遇到阻碍，并通过努力获得成功，这是很多人都经历过或正在经历的，因而很容易引起用户的共鸣。陈安妮曾表示过：“自己的漫画之所以能受到欢迎，就是因为分享的内容是真实的事情、真实的情感。”一次采访中，陈安妮说了一段话，可以看出她对内容真实性能产生共鸣的看重：“我本身是一个非常非常普通，非常非常平凡的女孩儿，所以我的生活跟大部分的女孩子生活是几乎一致的，所以说我画一些小感，就是小感情，小感悟，还有遇到的一些生活糗事，搞笑的事，都跟大部分人的生活是一样的。他们觉得能在我的漫画里找到共鸣，有时候找到一点感动。我觉得我的漫画只要能给他们带来一点笑容，对我来说就是很开心的事情。"

从陈安妮的例子，可以总结出打造真实内容的两个要点。

1. 细节越细，内容越真实

很多管理者在提出一个"观点"时就一两句话，认为越好的东西越精简。其实不然，对于一些概念性的观点，如果没有详细的补充描述，那么用户只会认为这是个"空口号"，就像是黎万强写了《参与感》这本书，认为一个产品成功的关键就是"参与感"。但是，如果黎万强没有用近十万的文字去对"参与感"这个概念进行详细地解释，同时辅以真实的案例，那么用户还会对黎万强推崇有加，甚至掀起一股学习小米模式的热潮吗？答案是显而易见的。所以，在提出一个"观点"时，要进行详细地叙述，特别是在细节方面，越详细就会显得内容越真实。

2. 情绪越真，内容越真实

管理者在创造内容和表达内容时，一定要是自己或用户真实的情绪，这样才能引发用户的共鸣，从而受到用户的认同。为什么绝大部分的管理者在演说时喜欢分享自己的管理经历，特别是一些曲折的管理经历，因为这些经历背后的困难、辛苦以及引发的情绪都是用户可能经历过的，他们会认同。

陈欧的"我为自己代言"大多数人都听过，当时该广告出来的时候造成了不小的轰动。那么，造成其轰动效应，被用户疯狂追捧的是广告或者是陈欧本身吗？显然不是，而是这个广告呈现的内容所代表出来的情绪。

该广告的内容是：你只闻到我的香水，却没看到我的汗水；你有你的规则，我有我的选择；你否定我的现在，我决定我的将来；你嘲笑我一无所有，不配去爱，我可怜你，总是等待；你可以轻视我们的年轻，我们会证明这是谁的时代。梦想是注定孤独的旅行，路上少不了质疑和嘲笑，但那又怎样，哪怕遍体鳞伤，也要活得漂亮。我是陈欧，我为自己代言。

如此简单的一句话，就一举让陈欧成为当年人气最高的“管理者 IP”，更让聚美优品的知名度得到了极大地提升。为什么只是这么简单的一段话就能造成如此之大的效果？因为大多数的年轻人在创业或工作中都遭遇过各种各样的挫折，被嘲笑、被质疑、被拒绝、被轻视。因为有着共同的经历，能产生相同的情绪，所以能引发用户的共鸣，从而让用户追捧。

3.5 根据马斯洛需求提供内容

马斯洛需求层次理论是行为科学的理论之一，是由美国心理学家亚伯拉罕·马斯洛在1943年的《人类激励理论》一文中提出的。文中把人类的需求按从低到高分为了五个层次，分别是生理需求、安全需求、社交需求、尊重需求、自我实现需求。

对于马斯洛需求的通俗理解是：假如一个人同时缺乏食物、安全、爱和尊重，那么食物就会成为其最强烈的需求，其他的需求就显得不那么重要。因为在某种极端的情况下，人人会把所有的思想都放在吃上。只有当人类解决了这种基本需求，才会产生或需要更高级的、社会化程度更高的需求。

管理者在给用户输出内容时也需要注意这一点，要先了解自己所针对的用户是处于哪种需求状态，且在后续的内容输出后根据用户需求的升级提供不同的内容。

比如李彦宏在打造无人汽车时，他就是根据用户不同的需求状态向他们输出不同的内容。

在无人驾驶汽车刚起步时，用户对这个概念还处于模糊的状态，什么是无人驾驶？用户并不了解。所以，李彦宏如果要得到用户的支持，那么首先就要向他们解释什么是人工智能、无人驾驶汽车是什么，还有最为关键的是百度公司对无人驾驶汽车是怎样理解的，充分满足用户的基本需求（见图3－13）。

图3－13　李彦宏在“百度AI开发者大会”上介绍无人驾驶汽车

当用户了解什么是无人驾驶汽车之后，李彦宏就需要向用户输出百度有能力把人工智能做好，把无人驾驶汽车做好，如此才能让用户有安全感，特别是百度的投资者，不用担心自己投资的钱会因为无人驾驶汽车而打了水漂。为此，李彦宏还把百度无人汽车开上了高速，自己就坐在副驾驶。虽然为此收到了罚单，但是却向用户证明了百度自己确实已经成功地打造出无人驾驶汽车，而且还非常的安全。

到目前为止，李彦宏推出无人汽车，对于用户来说是不相关的，做得好不好，能不能成功，用户都没有太大的感觉。但是，如果李彦宏能给用户一个参与的机会，让用户与百度无人汽车的生产结果绑到一起，那么用户就会时时关心李彦宏的动态和百度无人汽车的进展。而李彦宏显然就做到了这一点。他不断输出如果无人驾驶汽车成功，那么司机再也不用担心疲劳驾驶或走神而导致的车祸问题，也无需面临考驾照、不小心违反交通法规的问题。此外，李彦宏还邀请用户参与百度无人驾驶汽车的设计，让用户提供建议，让用户参与到其中，让用户获得参与感的同时，也获得了尊重。

根据上文的叙述，可以发现李彦宏是根据用户不同的需要向用户输出有关"无人驾驶汽车"的内容。其他的管理者不妨也参考李彦宏的内容输出方式。其实李彦宏的内容输出方式很好理解，就是以马斯洛需求为基础，再根据自身的实际情况进行内容输出。

1. 生理需求：满足用户对某个概念的基本了解

这是人类维持自身生存的最基本需求，包括饥、渴、衣、住、行等方面的需求。如果这些需求有任何一项得不到满足，人类个人的生理机能就无法正常运转，也就是说，生理需要是推动用户行动最首要的最强大的动力。只有基本需求被满足后，其他需求才能成为新的激励因素，而相对的，已满足的需求就无法成为激励因素。

管理者在输出一个新概念时，要先看看接收的用户处于哪种需求状态。如果是最基本的需求状态，那么内容只要能满足用户对这个概念最基本的了解即可。因为用户如果连最基本的概念都不知道，那么就不会产生更深次的需求，比如进一步了解的需求，深度研究的需求。

比如微信刚推出的时候，张小龙向用户输出的概念是"微信是一种生活方式"。但是在微信发展初期，张小龙并没有对此做出更深入的解释，只是强调微信的作用也是一种新的沟通工具，且是能打败 QQ 的沟通工具。如果此时，张小龙向用户输出更深一步的"微信是一种生活方式"的内容有用吗？没用！因为最初用户对微信根本就不了解，只有当用户了解了微信作为一种新的沟通工具，能满足最基本的沟通需求时，用户才会想要去了解“作为一种生活方式的微信”还有什么其他的内涵存在。

2. 安全需求：建立用户对这个新概念的信任感

安全需求，在马斯洛需求中是指人类对保障人身安全、健康保障、资源所有性、财产所有性、道德保障、工作职位保障、家庭安全等方面的需求。马斯洛认为，人类的整个有机体是一个追求安全的机制，人的感受器官、效应器官、智能和其他能量都是寻求安全的工具，甚至把科学和人生观都当作是满足安全需求的一部分。

这放在内容创造上，就是指当用户了解了一个概念后，管理者输出的这个内容就要建立用户对这个概念的信任，让其产生安全感。比如用户在对人工智能有了基本的了解后，管理者在输出相关的内容时，就要解决用户对人工智能的不安全感。其内容重点应该放在：解决用户对人工智能可能会导致失业的焦虑感，让用户相信人工智能的出现是为用户解决问题的。只有满足了用户的这种对“新概念新事物的”的安全需求，用户才会去接受它。

就像是马云开了无人超市，那么他在对外输出关于无人超市的内容时，就要强调无人超市没有导购员、收银员，既节省了人工成本，又能让顾客享受全程无干扰、静谧私密的购物体验，很可能带来超市与商场购物方式的革命性变化。

3. 社交需求：通过内容输出让用户产生情感

社交需求属于较高层次的需求，这一层次的需求主要包括两个方面的内容：一是友爱的需要，每个人都希望获得友情，爱情；二是归属的需要，每个人都有一种归属于一个群体的感情，希望成为群体中的一员，并相互关心和照顾，最为重要的是产生认同感。

而内容创造着重于满足用户的归属需要，输出内容时要让用户从这个内容中获得一种归属感，让其产生我是这个群体的人的情感。就像是雷军，他在小米手机已经满足了用户的基本需求和安全需求后，在输出内容时就不断地强调归属感。比如“为发烧而生，以用户为核心，让用户参与到小米的产品设计中”，这些内容都让用户能感受到自己也是小米的一部分，是属于米粉这个大家庭的。

4. 尊重需求：让用户从内容上感受到自己被尊重

每个人都希望自己有稳定的社会地位，自己能受到社会的承认。尊重可分为内部尊重和外部尊重。前者是指一个人希望在各种不同情境中都能体现足够的能力，能应对各种问题，能够独立自主；后者是指每个人都希望有地位、有威信，能够受到别人的尊重、信赖以及高度评价。马斯洛认为，尊重需求得到满足，就能够使人充满信心，对社会充满人情。

这在内容创作上，就是要体现用户的重要性，把用户放在第一位。这一点雷军就做得非常好。雷军在演说时，经常强调要以用户为核心，要充分尊重用户的需求，用户提的建议要重视，甄别后就要采纳。为此，雷军还建立了米柚社区，让用户能在这个社区中充分感受到小米公司对他们的尊重。

5. 自我实现需求：给用户提供参与内容创造的机会

自我实现需求是最高层次的需要，是指个人理想、抱负、想法、能力得到了最大程度的发挥，并受到他人的认可。马斯洛认为，为满足自我实现需要所采取的途径是因人而异的，自我实现的需要是在努力实现自己的潜力，让自己越来越成为自己所期望的人物。

在内容创造上，就要给用户提供参与创造的机会，给他们一条满足自我实现需求的途径。这一点上，罗振宇就做得非常好。罗振宇在内容创造上一直都在邀请用户加入，让用户提供素材、内容和主题，经筛选和整理后再在节目中播出。在节目播出时，内容被采纳的用户的自我实现需求就得到了充分的满足。

第4章

传播：推一推，炒一炒，IP就红了

获取用户的注意力是成为IP的关键，这就需要掌握传播推广的手段。比如，制造一个有争议性的话题，说一句能广为流传的金句，借助其他管理者的影响力，开一场发布会，利用各种手段驱动用户的情绪，等等。只要掌握了其中的一种方式，关注度就不是问题了。

4.1 制造一个争议性话题

用户对于“话题”的需求是恒久不变的，在这个娱乐至上的时代，用户对于话题的需求非常强大。许多用户都喜欢看着热闹，做个评论，转发话题。话题的争议性越大，用户的关注度就越高。因而，不少明星和管理者都喜欢通过制造争议性的话题提升知名度。

通过制造争议性话题为自己打响知名度最为经典的案例，应该是董明珠和雷军的10亿元赌局了。虽然现在时间已过去了四年多，但是这个案例在管理者IP营销中依然有着不小的影响力。

在2013年中国经济年度人物评选中，格力空调董事长董明珠与小米科技董事长雷军均获得年度经济人物奖。在颁奖典礼上，雷军赌自己的小米的营收将在五年内超越格力。董明珠称不可能。就此俩人定下了“10亿赌约”，谁输了，谁赔对方10个亿，并请央视的亿万观众做见证。

赌约定下后，被媒体疯狂报道，各个用户也异常关注这场赌约，纷纷谈论谁赢谁输。有些人说董明珠能赢，因为格力是传统企业，且发展多年，有坚实的基础；格力2013年的营业收入就已达到1007亿元。也有人认为雷军能赢，因为小米公司作为新型的互联网工业代表，2013年营业收入达到了300亿元，而互联网是大势，发展肯定会越来越好。双方争论不休，导致这件事情愈演愈烈。

虽然最后双方都放弃了这场赌约，但是却得到了他们想要的营销效果，董明珠和雷军的知名度迅速提升，董明珠借此从幕后走到了幕前，雷军的先锋型IP形象也由此得到了进一步提升。这是一个没有结果的争议性话题，却获得了一个双赢的局面。

事到如今，还有媒体在议论这件事，关于赌约的话题一直在持续，也许之后只要俩人有什么牵扯，此次的赌约事件还是会被翻出来议论一番，为董明珠和雷军制造十足的营销热点。

董明珠和雷军的赌局显然是一个典型的事件营销。那么，什么是事件营销呢？就是把事件通过新闻的规律，制造成有新闻价值的事件，并通过具体的操作，让这一新闻事件得以广泛传播，最好达到广而告之的效果。那么，如何才能策划一个成功的事件营销呢？可以按照以下几点进行。

1. 掌握事件制造的步骤

事件制造的步骤主要分为四个部分，见图4－1。

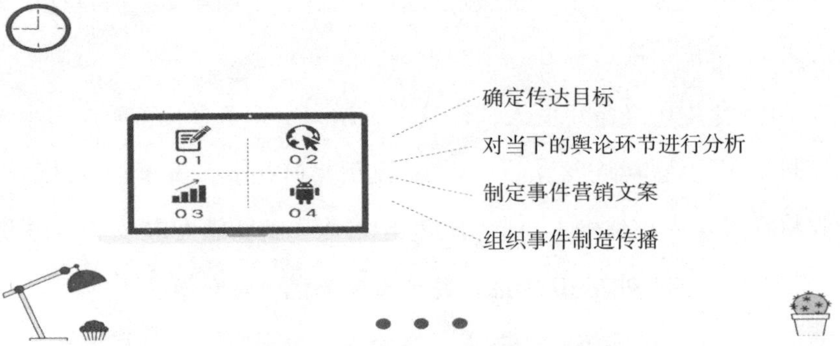

图4－1 事件制造的四大步骤

2. 明确事件操作要点

事件营销运作完成的要点总结为五点，见图 4－2。

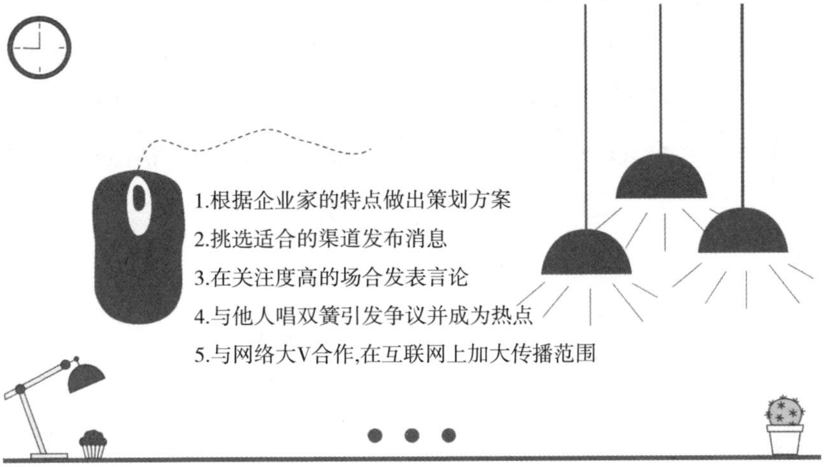

图 4－2　事件操作的五大要点

3. 严格控制事件风险

现在的互联网很发达，掌握得好，事件营销就可以帮助管理者达到成为 IP 的目的；但是如果掌握得不好，就需要承担风险。所以，在制造事件的过程中，一定要注意严控风险。

（1）事件内容的安全性。不要为了目的而不择手段。如果选择的内容三观不正，不仅无法获得想要的效果，还会对管理者以及企业的形象造成严重的负面影响。

（2）事件内容的创意性。制造事件不要跟风，不要看到其他管理者制造的事件有了效果，也跟着制造相同的事件。如果类似的事件太多，用户失去了新鲜感，就无法获得用户的关注度，因此一定要注意事件内容的创新性。就像是董明珠和雷军的赌局之后，也有不少管理者也以赌局为内容制造事件，但是结果却不尽如人意。

（3）事件传达的需求性。制造事件的过程中要明确一个问题，就是这个事件是否符合了用户的需求，是否是用户想看的，是否能满足用户的某种心理，又会给他们带来什么样的影响。

（4）事件内容的真实性。不管是做什么样的事件营销，事件本身必须是真实的。如果不真实，如果被用户戳穿，管理者身上就会被贴上“故意炒作”或“为了红不择手段”的标签，这对管理者的形象是极大的伤害。

4.2 语不惊人死不休，一句话就够了

其实有时候打造管理型 IP，无需经过太过复杂的事件设计，只要技巧掌握得当，用一句“语不惊人死不休”的话就够了。别小看一句话的力量，往往就是这么简单的一句话可以造成全网疯传的效果。

因为一句话就成为 IP 的管理者不少，现在就做一个盘点，从这些案例中，我们可以总结出“一句话是如何帮助管理者成为 IP 的”。

案例一：刘强东：钱越多越糟糕。

2017 年 11 月，刘强东在泰国的一个创业者活动表示“钱并不能带来任何快乐”。

当主持人问道：“所以金钱并没有改变你的人生?”刘强东则回答：“事实上，金钱可以改变你的人生，但大多数时候只会变得更糟而不是更好。钱越多，越糟糕......”“而它取决于你如何掌控你的钱，在中国，中国人刚开始变得富有，很多中国人虽然有了钱，但是不知道如何使用这些钱，所以这就像带着钱睡觉，带着钱工作，带着钱吃饭，带着钱旅行，但

是钱真的并不能带来任何快乐。”

主持人继续反问道：“那你为什么挣那么多钱?”刘强东回答道：“我不知道如何用英语去表达，这就像你有一个梦想，你朝这个方向走下去，将会得到很多东西。比如我得到10.5万员工，他们就像我的兄弟朋友。我认为这比钱更重要。”

案例二：王健林：先定一个能达到的小目标，我先挣它一个亿。

2016年8月，王健林参加《鲁豫有约大咖一日行》时对创业者建议说：“想做世界首富，这个奋斗的方向是对的，但是最好先定一个能达到的小目标，比如我先挣它一个亿。”

案例三：马云：我人生中最大的错误就是创立了阿里巴巴。

2016年6月20日，马云在第二十届圣彼得堡国际经济论坛上发言：“我人生中最大错误就是创建了阿里巴巴。我没有料到这会改变我的一生。我本来只是想成立一家小公司，然而它最后却变成了这么大的一家企业，如果有来生，不会再干这一行，希望有机会到世界上任何一个国家，平静度日。我不想谈生意，不想工作!”

案例四：雷军：我们的商业模式就是拉仇恨的。

2016年10月13日，雷军在2016年举行的中国（四川）电子商务发展峰会现场解读小米生态和商业模式时说了一句话：“有时候我也跟同事开玩笑说你知道为什么那么多人黑小米，为什么有那么多负面报道?因为我们的商业模式就是拉仇恨的。你说人家插线板赚钱赚得好好的，30年没有变了，整个工艺都是30年以前的，赚钱赚得舒舒服服，你一搅和人家能不骂你吗?”

网络上因为一句话而被用户疯狂讨论的例子不在少数，甚至有网友总结了一个段子，这个段子也被网友疯狂转发：“不知妻美刘强东，悔创阿里杰克马，普通家庭马化腾，一无所有王健林，顺便挣钱丁三石”。但是不管这些管理者说了什么话，还是这些话被做成了什么段子，营销效果却达到了。从这些管理者的案例中，可以总结出三点“一句话营销”的方法。

1. 要有足够的震撼力并产生疑惑

既然想要达到“语不惊人死不休”的效果，那么这句话就要有足够的震撼力，并能产生疑惑。如果不能让用户在第一时间感到震撼，并产生疑惑那肯定就无法达到传播的效果。比如刘强东的“钱越多越糟糕”，王健林的“先定一个能达到的小目标，我先挣它一个亿”。为什么他们的这些话会有十足的震撼力，因为和用户的观点不相符：钱怎么可能会越多越糟糕？大家辛辛苦苦地工作，不就是为了得到更多的金钱回报吗？一个亿怎么会是小目标呢？大多数的人就是一辈子也挣不了一个亿。

2. 看似惊人但价值观正确

其实，这些管理者惊人话语的背后都有着非常正确的价值观。比如雷军的“我们的商业模式是拉仇恨”的，小米的商业模式为什么这么拉仇恨呢？如果听完雷军的整段话就可以发现雷军说得非常正确。

因为小米做得更好超越了对方，影响到对方的盈利，对方肯定会对小米有怨言。但是小米并不是通过不正当的手段获取成功的，而是通过努力创新，让用户获得更好的体验，而对方却不思改变，又怎能怪小米抢夺了自己的用户呢？

3. 要符合自己的管理身份

这种“语不惊人死不休”的话并不是谁都可以说的，如果不符合自己的身份，没有那个实力，说出这种话只会让用户觉得在吹牛。像马云、雷军、刘强东、王健林说出这种话，其实在他们的价值观看来是很正常的，用户经过仔细分析后也可以发现他们说的并没有错。比如王健林的一个亿，对于当时还是中国首富的他来说，一个亿真不多。

4.3 强强联手，与其他管理者一起玩

一个人的力量通常都是有限的，特别是外界并不怎么了解的管理者。所以就要学会借力，也就是借用其他的力量来扩大自己的影响力。在以往，很多管理者认为借力就是通过热点事件或者热点人物。其实不然，对于需要打造成IP的管理者而言，借助同是管理者的力量比借助热点事件和人物效果更好。

雷军显然就是一个非常懂得借力的管理者。

案例一：借力董明珠。关注雷军和董明珠的用户都应该了解他们的“10亿赌局”事件，这件事到现在还时不时地被网友拿出来讨论。此次雷军就是通过联手董明珠，扩大影响力。为什么选择董明珠？首先，董明珠当时作为格力集团董事长，企业知名度够高；其次，在商界，女性成功者较少，因而更容易引起他人的关注；最后，格力是传统制造业，小米公司是新型的互联网企业，本身就具备戏剧冲突性，再加上当时传得沸沸扬扬的传统企业将被互联网企业打倒，更加强了此次事件的戏剧性，大家都想知道最后到底是传统企业胜利了，还是互联网企业获得胜利。如此，赌局

已经不是雷军和董明珠两者之间的事情，而是传统行业与新兴行业的事件，事件的关注度和影响力也由此被不断放大，随之而来的是雷军的关注度不断提高。

案例二：借力周鸿祎。2015 年的乌镇世界互联网大会，雷军与周鸿祎的“深情凝视”照片流出，并迅速刷爆网络（见图 4－3）。照片中的周鸿祎靠在椅子上闭目休息，而雷军则用一种难以表述的眼神看着他，怒视？嗔怒？严肃？深情？似乎都不对，于是引发了网友的创造热潮。有网友直言“被玩坏了”。此次的事件甚至超过了外界对乌镇互联网大会的关注，而雷军和周鸿祎也受到了不小的关注。为什么和周鸿祎的一张照片会引起这么大的反响？首先，周鸿祎本人也是非常有名的 IP 型管理者，外界对他有很高的关注度；其次，两者都是互联网行业，当时周鸿祎推出了 360 手机，与小米手机形成竞争；最后，两人本身就有“渊源”，之前就有关于两人的事件流出。三种因素加在一起，才形成了此次事件的影响力。

图 4－3　雷军和周鸿祎的照片

以上两个案例都被营销界奉为经典，如果是单凭雷军一个人的力量是很难做到的，这是强强联合后的效果。那么，想成为IP的管理者们该如何像雷军一样成功借力，从而提高自己的知名度呢？

1. 联手的管理者要有一定的知名度

能不能借到其他管理者的力量，就要看其合不合适。也有不少人玩“强强联手”，但实际上却是“强弱联手”，甚至上“弱弱联手”，在这种情况下，就很难达到预期的效果。所以一定要找有一定知名度的管理者一起“玩”。

2. 联手的管理者要自带戏剧冲突性

目标对象单是有知名度肯定是不够的，还需要自带戏剧冲突性。意思就是不用主动制造过多的事件，就能让该事件充满看点。比如雷军和周鸿祎，因为双方本身就存在“戏剧冲突”，所以一张照片才能引发网友的诸多联想，然后造成热潮，并刷屏朋友圈。如果对象换成其他人，比如刘强东，雷军和刘强东虽然都属于互联网企业，但两者不管是本人还是企业都不存在冲突性，所以就很难形成周鸿祎那样的戏剧冲突性。

3. 联手的管理者要有一定的配合度

一个巴掌拍不响，要想达到预期的效果，就需要对方的配合；如果对方不配合，一头热还有可能被贴上“倒贴”的标签。比如雷军和董明珠的赌局，如果董明珠不配合，不接招，甚至在赌局事件后多次谈论此事，那么该事件的影响绝对不会如此大。所以，一定要对方愿意配合，否则对方实力再强、存在再多的戏剧冲突性也无用。就像是马云，马云的实力肯定是最强的，但是马云不配合，就不可能从马云身上借到多少力量，反而会被外界评论为“倒贴”或“抱大腿”。

4.4 发布会最适合管理者做传播

在这个用户注意力尤为稀缺的时代，召开发布会是管理者打造 IP 的绝佳方式。现实中，有许多管理者都是通过发布会一战成名，最为经典的就是乔布斯，他的发布会引领了世界上其他管理者通过开发布会打造 IP、推出产品的潮流。那么，如何才能筹备一场具有穿透力的发布会呢？

在众多的 IP 型管理者中，罗永浩无疑是开发布会开得最成功的一个，甚至可以说他就是靠开发布会开成了最红的 IP 型管理者之一。罗永浩因为锤子手机开了四次发布会，他自嘲说："虽然手机销量没有明显上去，但是来发布会的人越来越多，而且愿意报道的媒体也越来越多。"也许有人问，为什么在产品未能获得实质上成功的情况下，罗永浩的发布会却受欢迎呢？这是因为罗永浩在发布会上独特的魅力。

第一，重新定义游戏规则。很多人都说罗永浩的发布会很"洗脑"。他的洗脑，不是靠口号，而是有着坚实的逻辑基础与论证过程。比如坚果 Pro2 手机，它的外观看上去和苹果手机的差距并不大，但是罗永浩却能让用户认为确实存在很大的差距。他很巧妙地把 iPhoneX、三星、摩托罗拉等手机外观做对比，使用户对产品的认识形成强烈的反差，从而提高用户的好感度。最后再不停强调坚果手机“非常漂亮”，并且再次提出“漂亮得不像实力派”来再次固化锤子的品牌形象。罗永浩直接改变了评比的规则，用自己的理论来说服用户。

第二，说人话。有人说：“做互联网最重要的是要和用户说人话”，但是真能做到的却没有几个。罗永浩在发布会上却非常懂得“说人话”，在展示产品功能时，先用术语表示，然后再用用户能理解的话再解释一遍，甚至加入了调侃自嘲的内容，让用户很容易接受。

第三，信息透明。对于商业机密，有 99% 的企业都在拼命遮掩，但是罗永浩却是那 1%——让信息充分透明。而这个 1% 的透明，让罗永浩获得了巨大的信用优势。比如在讲述“全面屏”时，就直接说包括自己在内的手机厂商都不是全面屏，直接把同行捂得严实的“商业秘密”公布了出来。但是他却用“几乎全面屏”的概念来推出自己的产品。如此不仅突出了产品的真实性，更获得了用户的认同感与信任感。

第四，价值观输出。可以说，罗永浩的发布会前两个小时都是在进行产品层面的营销，而到了临近发布会结束，就真正上升到价值观的层面了。罗永浩非常喜欢讲情怀，说缘分，提工匠精神，而这些都能触动关注罗永浩多年的粉丝的心。

罗永浩就是凭借这种在发布会上独特的魅力把发布会开成了“演唱会”，每场发布会都能吸引上万人参加，甚至和“演唱会”一样卖票。

那么，除了要学习罗永浩在发布会上使用的技巧，还可以从哪些方面入手，把自己的发布会做成“演唱会”，然后顺便让自己成为“演唱会”上吸粉无数的“明星”呢？

1. 明确发布会目的

首先要明确发布会的目的是什么。发布会是一家企业最重要的仪式，它通常意味着企业进入了一个新的发展阶段，扮演了一个新的角色，或是制定了某种新的规则，推出了一款新的产品。此外，就是通过这场发布会成为IP。所以，明确了目的，才知道自己应该做什么。如果不是想通过发布会成为IP，那么发布会就可以请知名主持人主持，或是由其他人上台，管理者只需要负责简单的一部分流程即可。如果是想成为IP，那么管理者就要做好充分的准备工作，如果是产品发布会，就必须充分熟悉产品，还要创造几个金句，好玩的小故事，同时还要考虑如何才能避免发布现场冷场。

2. 安排发布会时间

不要以为举办发布会的时间是翻翻日历，查查日程表就可以决定的。发布会时间的安排是有很深门道的，一般需要考虑以下三个方面的因素，见图4－4。

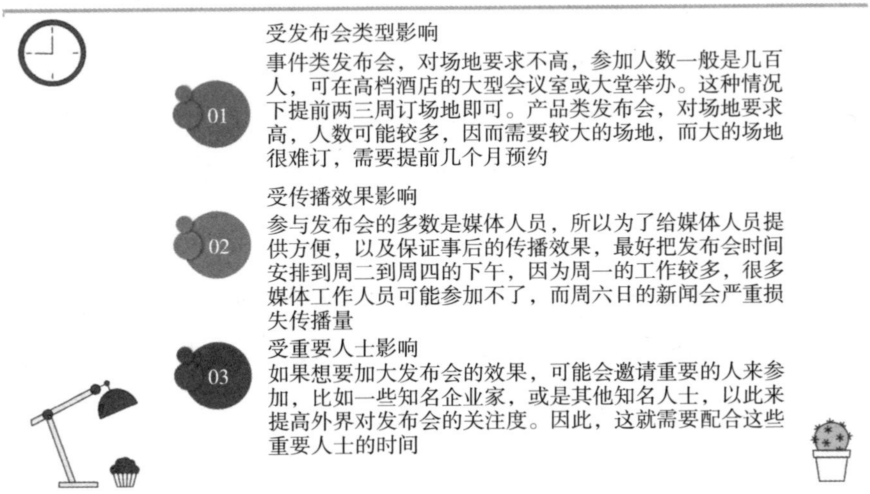

图4－4　影响发布会时间制定的三个因素

3. 选择发布会地点

一般来说，大多数的企业都会在企业所在地城市举办发布会，但是稍大规模的产品发布会，都会选择在北上广，最为主要的原因是因为这些一线城市媒体较多，可以保证传播效果。此外，北上广的城市的场馆规格较高，因而可以给发布会提供技术支持，比如舞台搭建、灯光、音响、投影或 LED 屏幕。

4. 邀请发布会人员

有些管理者为了达到最大的传播效果，邀请了很多媒体。但是，并不是媒体越多越好。参与发布会的人员应该有一个合理的结构。

第一，媒体人士。首先是邀请企业所属行业内的各级媒体，其次是大众媒体里的专业板块。

第二，专业人士。如果企业的主要业务是智能硬件，就可以邀请“红杉资本”的合伙人参与，并让对方发表相关看法，可加大传播和口碑效果。产业链上如果有大佬背书，会比管理者自我推介更管用，也可以借助对方的知名度来提高自己的知名度。

第三，忠实用户。邀请企业产品或管理者本人的忠实粉丝参加发布会，除了可以提高粉丝的黏性，也可以通过粉丝加大传播力度。因为粉丝是最好的传播渠道，会主动、免费、积极地在社交媒体或向他人做宣传。

5. 设计发布会内容

发布会的核心是什么？是内容，所以设计好内容是最为重要的工作之一。想想如何才能让发布会更加精彩，有哪些内容可能成为宣传的重点。所以在内容上，主要具备两个方面的能力。

第一，制造戏剧冲突的能力。比如苹果在发布麦金塔什电脑时，因为市场上没有什么可作为对比的竞争对手，就把 IBM 作为假想敌，向对方发出挑战，如此戏剧冲突就出来了。又比如雷军曾说“10 年小米手机将超越苹果手机成为世界第一”，这也是属于制造冲突的一种能力。在制造戏剧冲突时，一定要注意两点，见图 4-5。

第二，控场能力。如果在发布上演说的内容非常精彩，但还是无法引

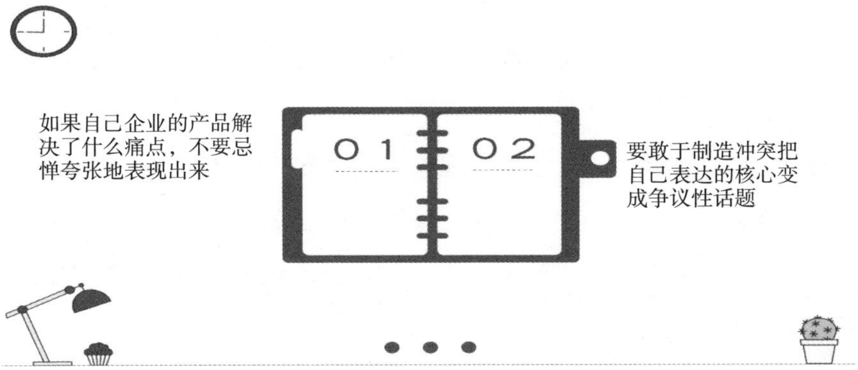

图 4 -5　制造戏剧冲突时需注意的两点

起用户的兴趣，那么场面一定是失控了。所以，在发布会上除了要用言语获得用户的共识，还要不停地观察，确认他们在听，且听进去了。如果没有，就要想办法把用户的注意力吸引回来。一般来说可以通过以下四种方式进行控场：

第一，内容控场。面对用户不耐烦的情绪，要对内容进行调整。比如使用穿插的方法，把事物说得更加形象深刻，增加用户的兴趣。如说笑话，讲故事。但要注意三点，见图 4 -6。

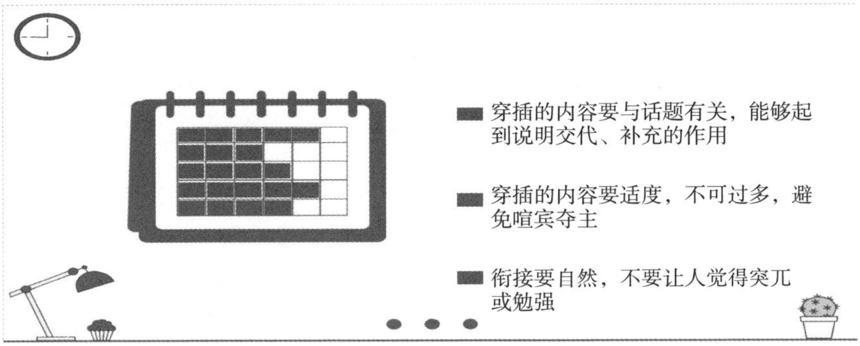

图 4 -6　内容控场需注意的三点

第二，声音的控场。如果发布会气氛不受自己控制，可以通过声音进行控制，比如调整语音、语调、语速、节奏。比如声音突然提高，可能会让开小差或打瞌睡的人突然惊醒；如果突然降低，则会让吵闹的现场慢慢安静下来，交头接耳的人也会停止讲话。

第三，动作的控制。这主要体现在大的动作、肢体语言的影响上。比如有时为了调动现场人员的积极性，采用手势指挥现场，活跃气氛。

第四，对话控制。是指管理者控制发布会现场对话的内容与方向，引导对方说出自己想要的内容。

4.5 驱动用户情绪，让用户主动传播

相信大家一定有过不止一次这样的经历，当看一篇文章时，引发出自己共鸣，觉得好文案真的是不同凡响。为什么会有这样的感觉呢？就是因为它激起了用户心灵深处隐藏的情绪，且随着这个情绪去做一些下意识的行为。有人说过："成功的广告制作者正是利用了用户情绪这一特点，俘虏了观众。"

管理者如果要扩大知名度，那么其输出的内容就需要能驱动用户的情绪，能够让用户为你嗨起来。

2016 年 8 月，王健林做客鲁豫的节目《鲁豫大咖一日行》，不仅曝光了他的日常办公生活，在访谈环节，王健林说的一句话还引起了全网高潮，使王健林的 IP 知名度更提升了一层。

他在很多学生一上来就说"我要当首富"这件事时，对他们耐心教导说："先定一个小目标，比方说，我先挣它一个亿！"节目播出后，网友震惊不已，大叹"首富不愧是首富"，并引发了转发热潮。根据万达统计的

数据，截至8月30日，关于“小目标”全网相关报道共计158937篇次，覆盖人群保守估计超过9.5亿。王健林在这股热潮中又红了一把（见图4－7）。而这句话甚至成为了外界对他的评价之一。

图4－7　王健林的“先定一个小目标，先挣它一个亿”

为什么王健林这一句简简单单的话会产生这么大的效果，就是因为他这句话击中了用户的“惊诧”情绪。对于普通人来说，一个亿别说是三年到五年，估计一辈子都不可能赚到，“一个亿未免也太多了”。而结合完整的内容视频来说，王健林的本意是劝解年轻人不要好高骛远。所以王健林说的这句话并没有产生负面影响，而是产生了正面影响，用户纷纷用这句话来调侃自己并转发到自己的社交平台上。

就如上文所述，王健林说的这句话能产生正面影响的原因，也是因为这句话虽然听着夸张，但符合王健林首富的身份。他并不是口出狂言。如果是普通的管理者说这句话，起到的效果可能大有不同。

其实，无论王健林说了什么，做了什么，他要达到的目的无非两点：一是提升自身的知名度；二是扩大外界对参与此次节目的录制地点万达乐园的知名度。而事实证明，这两点确实是做到了。

1. 确定要驱动的用户情绪类型

管理者想要达到刷屏的效果，那么就要先确定自己要驱动哪一种情绪。一般来说，人的情绪可以分为以下几个方面（见图4－8）。

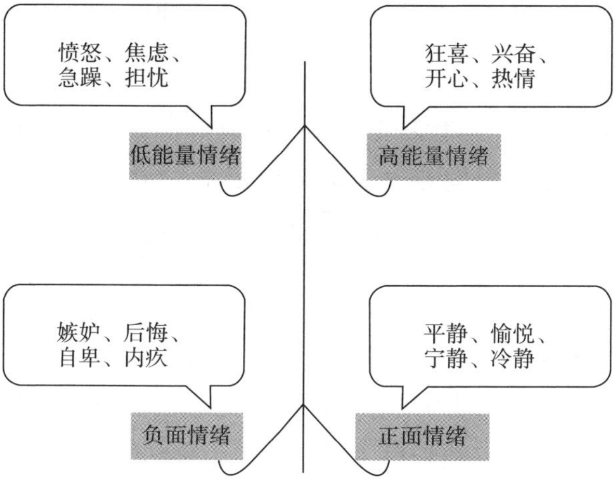

图4－8　情绪的四种类型

在图4－8中，我们可以看出负面情绪与低能量情绪一样，都是可以激起用户的消极情绪。比如曾广为流行的“逃离北上广”事件，其实就是直接触及了在一线城市中工作与生活的用户的心理底线，使他们产生了消极情绪，并驱动他们去分享产生这些情绪的内容。

而正面情绪与高能量情绪一样，都是可以激起用户的积极情绪。王健林的那一句：“先定一个小目标，先赚它一个亿”其实就是利用了正面情绪。首先“一个亿”让用户的情绪非常兴奋；然后对说出这句话的人产生了极大的热情；最后了解到说这句话的人果然是首富，说这句话并不过分。于是用户就非常愉快、自然地接受了这个信息，并将这个导致自己情绪异常变化的信息转发、分享出去，让其他人也感受到这种情绪。

所以，想要通过驱动用户情绪达到自己的目的，那么就要找到自己想要的情绪点，然后再根据情绪去策划传播的内容，最后再进行分享。

2. 激发用户产生对自己有益的情绪

如果说产生情绪上的波动，可以让用户开始关注你，那么最终的结果，将决定营销宣传的成败。如果激发出的用户情绪是对自己否定的、不认同的，那么用户就很难去认同你传达的信息价值，进而否定你的价值。在实际生活中，我们经常会因为一个视频、一场发布会、一个事件、一句话去关注一个人，而这个人在其中呈现的内容或形象激起的情绪不管是正面、负面还是高能量、低能量，如果是与用户三观不相符、用户不认同的，那么用户必然会对你产生负面的印象，取消关注、拉黑、批判等行为都可能会出现。

传递内容的难点，就是当用户对你的内容产生情绪波动之后，都能让他产生的情绪是肯定的。因为只有这种认同的想法，用户才会对你更加关注，甚至最终成为你的忠实粉丝。

比如最早的电商网站CEO做客某节目曾说了一句话："一百年后，大家肯定都还记得穆旦，某歌手肯定就是垃圾了！"虽然这件事件也激发了用户的愤怒情绪，也帮助该CEO达到了提高自身关注度的目的，但是这个情绪对他自身形象却是无益的，因为外界认为他是自视过高，甚至对人有职业歧视。因此，还受到了外界的不少抨击。

第5章

演说：不会演说的管理者不是好 IP

卖产品先卖观念，如果用户不认同你说的内容，怎么可能购买你的产品呢？巴菲特说过：“一个企业的 CEO 必须会两种能力，一是演说，二是写作。”管理者本身也是一个产品，所以，要先学会演说才能把自己销售出去。

5.1 原因：管理者为什么要学演说

我们可以发现，许多 IP 型管理者都是一个演说高手，相比于其他的曝光方式，演说成为了他们最喜爱的宣传方式。那么为什么管理者要学演说呢？演说对管理者的 IP 塑造能起到什么样的作用呢？

2017 年 11 月 2 日到 3 日，小米公司创始人、董事长兼 CEO 雷军在小米投资年会上发表演说。此次演说，起到了以下三个作用：创造了流行金句；解决了近两年外界对小米公司的质疑；让雷军和小米公司的知名度进一步提高。

以下为雷军演说摘录：

创业并不光鲜，成功的秘诀只有拼命工作。

作为创业者，我可能看到的是另一面。我觉得每个人在市场上打拼都极其不容易，因为创业者其实没有用户理解的那么光鲜。创业不是一件简单的事情，成功的管理者也不像用户理解的，轻轻松松就成功了。在成功的路上，其实只有这一个秘诀：认真拼命地工作。

小米跌出世界前五时，曾想把公司改名others。

我们看2017年一季度手机市场排名，第一名三星，第二名苹果，第三名华为，第四名OPPO，第五名VIVO。小米呢？我找不到小米，后来终于明白了，我们和世界上所有的其他公司有了一个共同名字叫others（其他）。两年前我跟刘德（小米联合创始人、副总裁）商量：咱把公司改名得了，叫others，搞不好排在第一名，这就牛大发了。你看榜单上others占39.9%，比三星公司多一倍。后来不知道真的假的，刘德跟我反馈说，工商局不让注册。

对小米的梦想、价值观和商业模式从未动摇。

我想分享小米是怎么做到的。除了拼命工作之外，我认为逆转的原因，本质上是小米的梦想、价值观和商业模式的成功。在过去最艰难的两年里，我从未对这三点有任何质疑和动摇。

我觉得，小米一家，独木不成。很多人跟我说，小米模式太复杂了复制不了，就是雷军你们这帮人厉害。我说不是，小米模式最伟大的地方就是可复制。我愿意帮助一百家小米模式的企业，就建立了生态链部。我们的商业模式，就是昨天张峰讲的，我也讲过很多次的小费模式。我们赚的钱是用户心甘情愿给的，不是我们用藏起来的各种各样的方法。我也不希望做亏钱生意，我要求硬件加新零售打平，利润主要来自于互联网业务和互联网金融。用户愿意用我们的互联网服务，愿意付我们钱，我们视同成一种变相收小费的模式。

高品质第一，高性价比第二。

高品质的产品，不仅仅是质量，还体现在设计和用户体验。为什么小米系的产品会让大家眼睛一亮？最核心的创新在设计和用户体验。小米系的创业公司长到一定规模以后，都会遇到瓶颈，就看在传统能力这一块能不能补齐。如果不能提升，品质控制能力、供应链能力，大规模的组织能力，光靠设计、体验，企业还是会有增长压力，所以这三项能力都要逐步提高。

第一条是高品质，第二条才是高性价比。七年前我们面临的问题是品质升级和消费升级，小米在中国传统企业的高性价比基础上，加上了高品质。我们认为，首先是品质，其次才是性价比。因为中国的消费能力上来了，比谁更便宜已经没有意义。

维护好小米品牌，小米充电宝假货率 80%。

小米模式最重要的是信任。在这里，我也恳请小米大家庭的一百九十家公司：小米品牌做成不容易，做砸很容易。在座各位的任何一个质量事故，都会记到小米头上，哪怕不是用小米品牌，哪怕不是用米家品牌。

管理者为什么要学会演说，因为演说除了是打造 IP 的有效途径，更有以下的好处。

1. 演说能够激励团队士气

不管企业规模是大还是小，都有团队的存在。只要存在团队，作为领导者的管理者们就一定会面临激励士气的问题。在季度、半年或年度的大会上，甚至日常会议上，管理者一定要发言，以激励士气。那么，如果能学会演说的技巧，就可以更加有效地激励团队的士气。如果你只会拿着草稿纸，用毫无起伏、毫无情感的声音念，那么员工肯定会认为你毫无诚意，更别说起到激励士气的作用了。

2. 演说能够有效传递信息做好路演

一般处于初创或高速发展时期的企业都严重缺乏资金，因此就要进行融资，而融资就需要进行商业路演。演说能力的高低对商业路演的结果起到了非常关键的作用。在商业路演中，管理者往往需要几分钟的时间去打动投资者，让他们给你投资。如果掌握了精彩的演说技巧，就可以有效地传递自己想要表达的信息。就像是马云，当初就是用几分钟的演说时间打动了孙正义。

3. 演说能够征服用户建立联结

如果无需进行商业路演，那也一定有产品发布会或各种各样的行业大会。最让管理者感到痛苦的莫过于在行业大会上和竞争对手共同面对自己的潜在用户，你的产品比对方好，但却因为你不会说，结果你的客户就被对方抢走了。此时，如果掌握了演说的技巧，就可以轻松地征服用户、客户或经销商，建立起广泛的联结。

4. 演说能够塑造形象

既然管理者想让自己成为IP，那么就一定需要面对镜头或者媒体，如果演说技巧足够好，就能有效地利用媒体的力量建立起自己的个人形象。

5. 演说能够影响他人

演说的最大作用，其实就是去影响对方，学会演说，可以让你成为最会说话的人，不管在什么样的场合，都可以让管理者变得更加有影响力与穿透力，直击对方的心底，让对方按照你所想的去行动。

5.2 准备：台上一分钟台下十年功

马克·吐温曾经说过："通常一场精彩的演说都要花去我两个星期的准备时间。"即使是像马克·吐温这样的经验丰富的演说家，在演说前也需要进行充分准备。可见，充分准备是演说成功的关键。

2017 年 11 月 6 日，网易集团董事局主席兼首席执行官丁磊在"2017 年两岸企业家紫金山峰会"发表专题为《新时代、新消费、新模式》的演说。此次的演说，让外界对丁磊有了一个新的认识，发现这位以往被誉为"不务正业"的"养猪大王"，原来对商业形态有着自己独到的见解，受到了不少用户的赞誉。同时，丁磊的演说也受到了不少台湾企业家的认同，认为丁磊确实把新时代的商业形态描述得非常清楚，也把大陆在新时代的发展说得非常深刻。

丁磊此次的演说部分摘录：

《新时代、新消费、新模式》

今天站在这里，我的感觉比那时候更强烈。为什么？因为今天我们的市场更大，机会更多。一万个人在大陆、在互联网领域，会发现一万种可能性。

大陆是目前全球最大的消费市场。去年，台湾的零售总额大概在9000亿元人民币，在大陆这个数字是33.2万亿元人民币，相当于将近37倍大的台湾市场。如果要单纯比较电商市场，这个数字还会更可观。

台湾就在这个世界市场旁边，有地理优势、文化优势，还有政策加持。我想，今天，所有两岸企业家都需要思考一个问题：我们能不能跟着时代一起走，跟着国运一起走，成为被时代需要的企业？

台湾有足够优秀的生产工艺，有足够的匠心、耐心来做出好产品，这些都让我们钦佩不已。

但是，我们也发现，很多台企尝试来“走电商”，最后发现大陆电商很难做，赚不到钱。大家都很迷茫，不知道下一步怎么走，也想不通为什么自己的东西这么好却卖不动。

这是我们常常遇到的商业问题。台湾品牌很善于制造，也善于挖掘“在地”的故事，但是到了大陆市场，语境变了，市场和人都变了，“在地化”成了一个难题。这个时候，往往需要网易这样的本地大平台、老司机去连接、带路。

很多产品推出后，经过网易的资源曝光、品牌包装迅速成了市场爆款。严选和广硕鞋业合作的一双毛毛虫童鞋，只合作1个多月就带来了20万双鞋的订单，而且消费者好评如潮。有一位父亲买了3双毛毛虫后，特地写了几百字评论，感谢网易严选让自己的女儿穿上又便宜又好的鞋子。

大陆的消费群体，正在经历一场演变。以前，大家追求怎么能买得到，现在大家追求怎么买得更好、更有品位。我们把这个现象叫作“新消费”。

新零售这个概念，讨论的是零售的不同形态和场景。新消费，关注的则是消费者的消费观和消费行为的变化。

促成这种“新消费”产生的因素有很多：中产阶级形成独立消费观、科技进步提高消费者参与感等等都是，我在这里着重谈谈制造业升级。

大陆的制造业正在进行一轮转型升级，新消费群体对商品的要求越来越高，品质消费这个供给侧的缺口也越来越大。

关注新消费，服务新消费，把制造业和用户的这种需求转化为生产力，就是网易严选产生的初衷，也是我们倡导并开辟的第三种电商模式：严选模式。

我们理解的严选模式，和以往的电商模式都不一样，它更新鲜、活泼，通过一些核心价值受到了大量用户的认可。比如工厂直达、供应链路短；实行低加价率销售政策，提供超高性价比；精挑细选，款款精品；设计简约、用料环保等等；最终，是让用户花更少的钱，更少的时间，过上更美好的生活。

目前，大陆制造业主要的问题是，同质化竞争很激烈，创新投入不足，导致劣币驱逐良币。台湾制造业在这方面有天生优势。在严选模式里，台企只需要专注生产问题，其他推广、销售、售后全部交给严选，这相当于是在给自己更多空间去做创新，去做差异化升级。

有部分制造商在信息化上有一些不足，网易也会通过自己的互联网技术，譬如大数据、信息采集技术等，尽量帮助他们更好地感知市场，优化生产，提高效率。

通过这些方式，网易希望帮助两岸产业做新陈代谢，为整个产业链加入新的价值。

我相信，随着两岸合作的深入，“严选模式”会成为两岸合作的范本，在中国制造史上留下自己的定位。

过去几年，我走过、看过全世界很多工厂，最大的感触就是，两岸的制造水准已经超出想象。这些年，大家喜欢追逐日本制造、德国制造，其实中国制造已经有能力创造自己的神话。

看完这篇演说稿，我们可以发现丁磊的演说非常出色。大陆的优势、台湾地区的优势、当下的商业形式、网易的特点都描述的非常深刻清楚，数据、案例都用得非常准确，非常具有鼓动性，让在场的台商对网易产生了兴趣。丁磊的这场演说之所以能成功，是因为做了充分的准备。那么到底在演说之前，管理者们应该做好哪些准备呢？

1. 做好基本信息的准备

演说是一场“直播”，错了是无法重来的，而“直播现场”可能会出现各种各样的问题。因而，你要明确以下演说现场可能会出现的问题（见图5－1）。

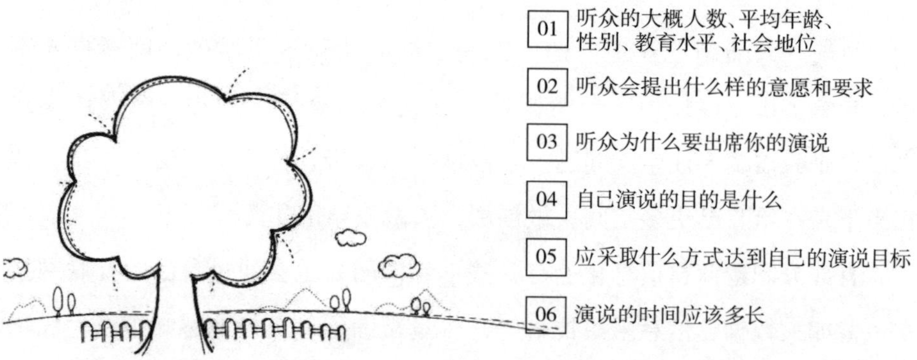

图5－1　准备时应明确的六大信息

2. 做好内容上的准备

俗话说：“要给别人一杯水，自己需要有一桶水。”所以一定要保证自己内容上的充足，因为在演说现场，用户可能会提出各种各样的问题。总的来说，需要准备以下四个方面的问题，见图 5－2。

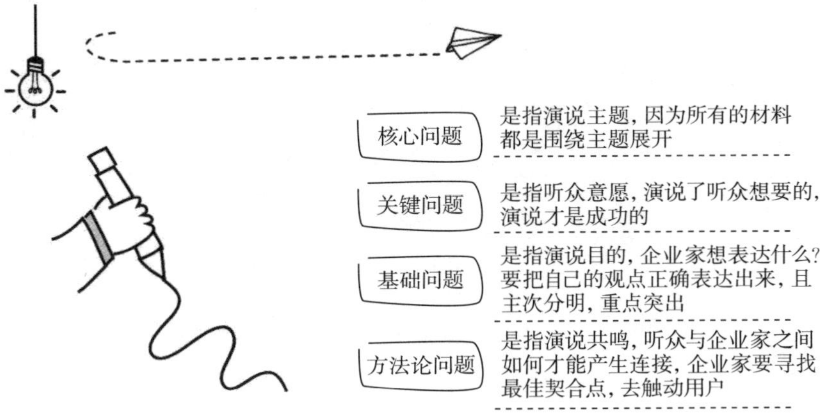

图 5－2　内容上需做的四大准备

3. 做好演说材料上的准备

关于演说的材料准备可以分为三大步骤：

第一步：收集材料。材料收集并不是多多益善，而是要和演说主题紧密相连，并能达到充分、真实、新颖的要求。

第二步：筛选材料。收集到的材料主旨与演说主题之间有远近之分，主次之别。应该根据材料内容的侧重点与性质，分为重要材料、次要材料以及备用材料。同时也可在需要的内容上做好标记，方便日后查阅。

第三步：加工材料。对材料进行加工之前，需要先拟一份演说提纲。该提纲既能体现演说主体，同时还能反映用户需求。演说提纲有利于材料的进一步组织加工。

4. 过程需注意的问题的准备

准备演说时避免出现以下几个方面的问题：一是信息不要过多，目标要明确；二是数据和理论不要过多，导致内容乏味；三是不要大量使用术语，避免艰涩；四是穿插事件不要过多，避免离题。

5.3 主题：选对点，演说就成功了一半

有人说：“有了一个好的主题，演说就成功了一半。”但很多人要演说了，却不知道要演说什么。确定一个好的主题，是演说成功的第一步。查理·雷诺尔·布朗博在艾尔大学演说时曾说：“对于你的话题，应先深思熟虑，然后扩大范围，慢慢地去思考，逐一将想得到的片断记录下来，目的在于固定你的想法，这样才能整理出有系统、有重点的演说题材。”查理所表述的其实是一个在大脑中搜索信息的过程，在这个过程中找到自己想要的主题。

雷军在2016年年会上的演说主题非常的精彩，此次的演说内容如下（有删减）：

2016年是小米的“补课元年”，我们主动降速调整，依然取得了一系列继往开来、影响深远的成果，其中最重要的有6项。

（1）坚持技术创新，突破手机高端市场。

2016年，小米5在全球首发四轴光学防抖和3D陶瓷。小米5s在中国

首发超感光相机，单位像素面积达到 1.55um，还在全球首发无孔式超声波指纹。年底的小米 Note2 率先采用双曲面柔性屏，而小米 MIX 在全球首发全面屏和全陶瓷机身。

我们在全球累计专利申请总量已突破 1.6 万项，授权总量已达 3612 项，其中涉外专利授权量 1767 项。

（2）新零售高歌猛进。

2016 年我们依然是手机电商之王，天猫“双十一”四连冠。我们还把小米之家升级为品牌零售旗舰店。至今已经开通 54 家，开一家火一家，其中上海大悦城店、北京五彩城店、郑州大卫城店年销售额破亿元。今年我们计划开 200 家店，未来三年计划开通 1000 家小米之家。

（3）国际化业务高速增长。

2016 年，我们的国际业务取得突破性进展，10 月印度市场销售 135 万台手机，全年销售突破 10 亿美元，成功跻身印度手机市场前三。

（4）以小米手机为核心的生态链整体崛起。

2016 年，小米手机周边的生态链系统全年收入过 150 亿元，连接了超过 5000 万台智能设备。小米也成为全球最大的智能硬件孵化生态。

（5）互联网商业模式得到充分验证。

去年，我们的互联网收入实现了翻番，国际战场和生态链业务也大获成功，小米的商业模式已被充分验证。

（6）管理升级、效率提升。

以手机部为例，管理结构调整后，半年内团队规模翻番，进一步强化了产品研发、供应链和品质管理。与此同时，我们也在强化公司治理的信息化，以此为基础，全面推进精细化管理。

五大核心战略和一个小目标：

今年，我们要聚焦五大核心战略，分别是黑科技、新零售、国际化、人工智能和互联网金融五大部分。

前三点我们在去年就已经全力投入，并取得了阶段性的出色成绩，在这里我重点说说后两条。

去年小米人脸检测新算法在权威的 FDDB 人脸检测准确率榜上拿下第一。当人类信息以指数级别爆发增长时，我们需要有能深度学习的人工智能为我们提供有力协助，帮助我们让人类生活更加便捷轻松，这显然是我们的使命。

在人工智能之外，金融也是我们今年要拉开阵势干的大事。2016 年最后几天，我们家也开起了银行。新网银行成立，我们是第二大股东。除了这个大家都知道的新闻，我们其实已经组建起 300 多人的团队，在金融领域已经完成贷款、保险、证券、理财和支付等全领域布局，还拿到多种金融牌照。

这对小米的未来有着至关重要的意义。将来，所有的商业巨头都是互联网公司，也都是金融公司，未来的金融都将建立在人工智能和大数据基础上。今天我们还是一家创业公司，但我们也一样有这样的雄心和能力。

为什么说，雷军的这次演说主题定的非常成功？首先，这是雷军想说的，因为这是年会，雷军希望对公司以往获得的成绩，以及公司未来的发展做一下介绍。其次，符合此次演说的性质。雷军此次的演说是在小米公司年会，年会的主要目的是什么？是对过去的成绩做回顾，为未来的发展定目标。最后，符合雷军的目的，因为雷军想通过对以往成绩的介绍，让员工看到自己的努力得到的回报，让用户看到小米公司的成绩；想通过对未来目标的制定，激励员工要不断努力，在未来获得更好的成绩，同时也让外界了解小米未来的发展趋势。

1. 通过确定目的确定主题

你希望通过这场演说达到什么样的目的？想到答案了就可以确立主

题。比如雷军在 2017 年小米投资大会上的演说，他的主要目的是什么？其实就是希望通过这场演说来解决近两年对小米的误解，想为小米证明，小米手机跌出世界前五是有很多原因造成的，而不是自己的质量问题。同时更申明了小米产品的假货才是导致小米口碑下降的元凶。2017 年下半年，小米公司的排名、盈利都提高了。这不是靠其他的手段，是小米公司全员的努力工作，营造了一种积极努力的正面形象。出于这些目的，雷军确定了此次演说的主题《创业并不光鲜成功的秘诀只有拼命工作》。

2. 通过自身或企业定位确定主题

在确定主题时一定要围绕自身或企业的定位。比如说企业处于互联网行业、对外的形象、企业的精神文化，那么你的主题就应该与之产生联系。比如雷军，他一直被誉为互联网创业者的榜样，他对外的形象表现也是如此。所以他的大部分演说都是与小米公司、与互联网、与创业产生联系。

3. 通过自己目前想要倾述的话题确定主题

有些管理者最近遇到团队管理的问题，优秀人才留不住，团队军心涣散，因此，他就热切地想要倾诉关于团队激励的话题；有些管理者，企业即将推出新产品，那么，他就会热切想要表达关于新产品的话题；有些管理者，对最近的新思维、新潮流有自己的看法，那么，他就会热切地想要倾诉自己关于新思维、新潮流的看法。

选择目前热切想要倾诉的话题，可以让你更有动力地准备演说稿和练习，同时这样的话题也会更有深度，更打动人心。

4. 通过用户喜欢的话题确定主题

演说不是自说自话，而是要充分考虑用户的需求。一般而言，用户会喜欢以下几种话题，见图 5－3。

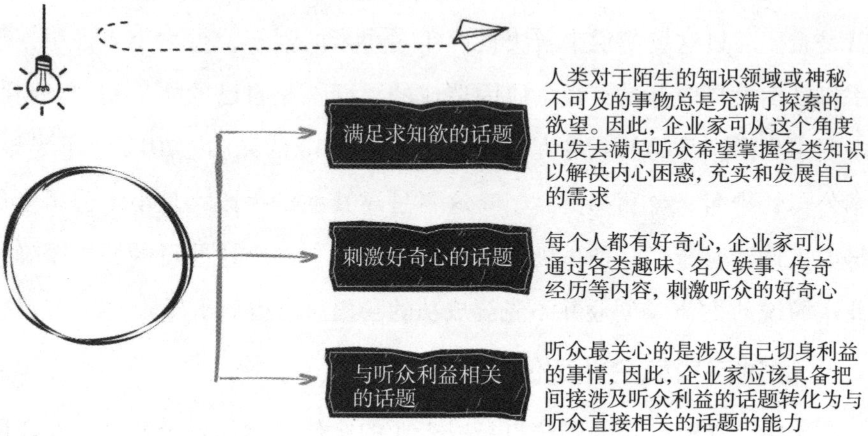

图 5－3　用户会喜欢的三种话题

5.4 开局：一开口就惊艳全场

演说开局其实就是开场白，它是演说开头时所要用到的引言。开场白对演说可起到双重作用，一是诱发用户继续听的兴趣，获得用户的好感；二是为整个演说创造一个好的气氛，为全篇的演说定下一个基调，这关系到接下来的表现。如果开局不好，就可能会因此紧张，导致之后的演说发挥失常；如果开局好，就可能会受到鼓励，之后的表演还有可能超常发挥。所以，设计一个好的开局是非常重要的，最好能“一开口就惊艳全场”。

马云、徐小平、雷军等人不但是知名的管理者，更是有名的演说大师，他们的演说开场就非常值得大家学习。

马云的开场白。2014 年 2 月 8 日，马云在上海浙江商会第九次会员大会暨《全球经济新常态与企业发展之道》做了非常精彩的演说，他的演说开局就是采取了讲故事的方式，而且是自己的故事。其用简单的故事引出下文的内容，且衔接得恰到好处。具体内容如下：

三年以前参加商会的时候我说郭广昌“终于下台了”，我以为他不会回来了。没想到他又回来了，而且我自己觉得，可能这在我们商会会变成一个“新常态”，老干部不能得罪，他还是会回来。这两天是我们浙商的大日子，北京浙江商会沈国军也回来了。当会长很累，刚才成建讲的话很有哲理思想，我知道，人开始有哲理的时候，就是吃苦多就有哲理了。当会长，确实不容易。我们总觉得企业越大越好，位置坐得越高越好。其实企业越大越累，位置坐得越高越寂寞。所以我今天不敢说是恭喜，无论郭广昌还是沈国军，我只能说这是一份责任，不是一份荣誉。因为我们有机会在这个时代做点有意义的事情。期待他们把这份福报用好。

徐小平的开场白。2013 年 6 月，徐小平在央视的节目《开讲了》进行演说，他的开局方式就非常有趣。主持人介绍他出场后，他在原地蹦跶了一段，然后现场还播放了他日常生活中有趣的一面，比如跳舞、唱歌什么的。徐小平的性格非常乐观，且外向，因此他希望通过用这种方式给演说现场一个轻松的氛围，不要过于严肃。这符合他自己的性格，也符合这个节目的风格。

雷军的开场白。2014 年 11 月 21 日，小米科技 CEO 雷军在北京大学参加了“活力中国说”演说活动。这次演说他以乌镇峰会上的一次幽默问答作为开场。内容大概如下：“昨天主持人问了我一个问题，说我曾经说过小米要在 5 ~ 10 年内赶超苹果，但是他却把这个问题抛向了在场的苹果副总裁，问他怎么看，当时我觉得很尴尬。但后来我冷静下来了，我想起了马云的一句话：“梦想还是要有的，万一实现了呢?”雷军的此番话引起了台下一片笑声和掌声，给此次的演说做了一个非常好的开场。

其实，很多成功的 IP 型管理者都是一个演说高手，开场更是精彩无比。那么，如何才能像他们一样有一个精彩的演说开场呢?

1. 选好开场方式

一般来说，大多数演说者在演说时会采取以下四种方式开场，这是最万无一失的方式，如果想不到合适的开场方式，可以以此做参考（见图 5－4）。

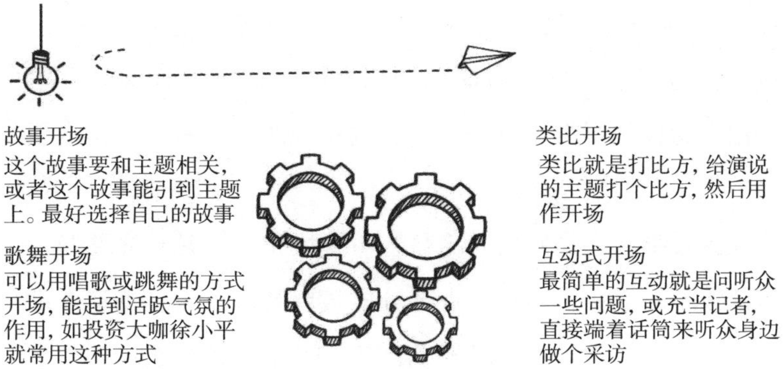

图 5－4　四种开场方式

对于性格沉稳的、作风务实的人来说，故事和类比开场比较合适；性格比较乐观和外向的人，则可以选择歌舞或互动式开场。当然，选择哪种方式开场，除了要考虑个性特征之外，还要考虑演说的场合与演说的主题。

2. 运用 SCQA 法则做开场

如何在开始演说之前就吸引用户的注意，让你的演说“一开场就惊艳全场”呢？可以采取 SCQA 法则（见图 5－5）。

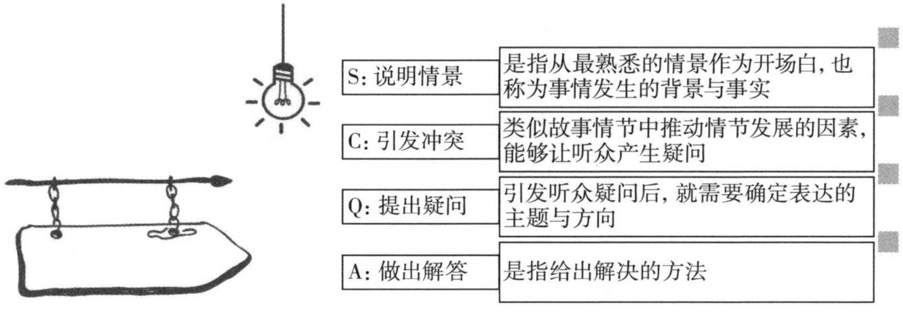

图 5－5　演说开场的 SCQA 法则

3. 把握演说的“36 法则”

演说的“36 法则”其实就是指三点准备、六点注意。

三点准备是指：一是如何能调动用户的兴趣，也就是引发用户好奇心；二是用户为什么要听，只有与之利益相关的才会听；三是演说想达成什么样的结果。

六点注意是指：一是开场要稳住，不要慌张；二是目光要与用户有接触；三是语速不要过快；四是重点部分语气要突出；五是创造帮助自己增加气势的三个手势；六是把握微笑、自信、问好三个关键点。

5.5 语言：自然生动，简单易懂

演说是在自然语言基础上进行加工后的一种口头语言艺术。它与文章不同，虽然文章也能表达出作者的观点，但是它没有声音，无法达到演说的效果。演说可以让用户更深刻、更形象地领会到演说者所要表达的观点。

2017 年 10 月 28 日，京东集团董事局主席兼首席执行官刘强东，作为校友代表参加了母校宿迁中学的九十周年校庆，并做了主题演说《看得更远，走得更远》。相比于马云、雷军等人，刘强东做的演说并不多，但是他的每次演说都获得不少赞誉。其主要原因之一，就是他的演说语言有着独特的魅力。

以下为刘强东的部分演说实录：

从穷到只能偶尔吃上猪油饭到走向全世界。

谈到这个话题，我必须跟大家讲讲那个时代的整个社会背景。那个年代可以说我们宿迁是非常的贫穷，我也是生长在来龙镇一个非常贫穷的农村的家庭。穷到什么地步？每一年只有一两次能吃到猪肉。那个年代我最大的梦想就是作个村长。作村长并不是想自己吃到猪肉，我在想我作一名村长的时候能不能把所有的猪肉分给村民，让大家都能够吃上猪肉。

后来上了小学，小学四年级的时候我们来龙镇第一次来了电。为了看到电，我带着我们全班同学下午上完课之后从长安村步行到来龙镇，趴在镇政府院门口，看着镇政府大院里面那个电灯泡在亮着光，我们在讨论，烫手吗，能点烟吗，电从哪儿来？我应该去看一看，我应该看得更远一点。

后来上了初中，我自己攒了很多年，攒了50元钱，就是怀揣一个梦想，想看得更远一点，想走得更远一点。我带着50元钱去旅游，穿上大裤衩，两根筋汗衫，穿着一双拖鞋，手里攥着50元钱，我要去看看这个世界怎么样？这时候我才知道，世界上有比我们宿迁更大的城市。当我从南京坐船到九江，我就在想北京是什么样，上海是什么样，还有纽约、伦敦、东京是什么样。到了宿迁中学三年，也感谢母校对我的教育和培养，三年之后考上了中国人民大学。

那一年所有的志愿我只报了两个城市，就是北京和上海，我一定要去中国最大的都市上学。因为我坚信在那儿我可以站得更高，我可以看得更远，我可以走得更远。

从刘强东的这段演说来看，他的演说有四个特点，第一，口语化，没有像一些管理者一样把演说的语言变得像书面语一样严谨；第二，通俗易懂，没有过多地使用冷门生僻的词语，也没有过多的引用古人的名言；第三，生动，刘强东对自己的经历进行仔细地描绘，让整个演说变得不再枯燥乏味。

那么，其他的管理者应该如何像刘强东一样让自己的演说语言显得口语化、通俗易懂又生动有趣呢?

1. 要口语化

“上口”“入耳”是演说的基本要求，也就是说演说的语言要口语化。但是需要注意一点，演说的口语不是日常的口头语言的复制，而是经过加工提炼出来的口头语言，逻辑要严谨，语句要通顺。但是因为演说之前都是要先写演说稿，而这就会受到书面语言的束缚，因此在写演说稿时，就要做到以下四点，见图 5－6。

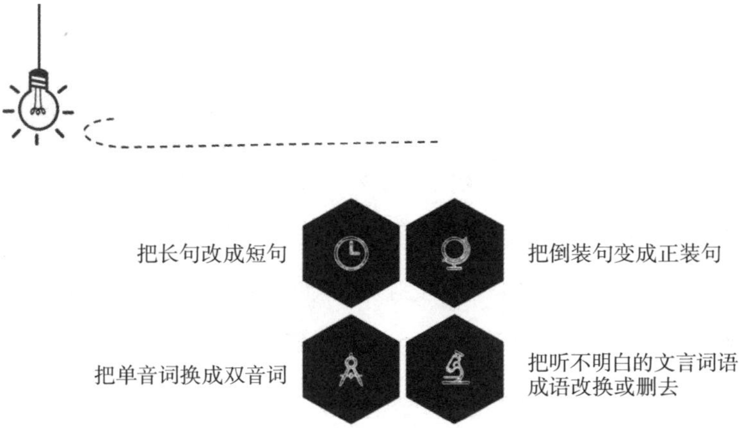

图 5－6　写演说稿时需做到的四点

2. 要通俗易懂

列宁说过：“应当善于用简单明了、群众易懂的语言讲话，应当坚决抛弃晦涩难懂的术语和外来的字眼，抛弃记得烂熟的、现成的而且是群众还不懂的、还不熟悉的口号、决定和结论。”演说要让听众听懂，这是最基本的。如果听众无法听懂，这也就失去了演说的作用、意义与价值。因此，演说语言要做到以下三点，见图 5－7。

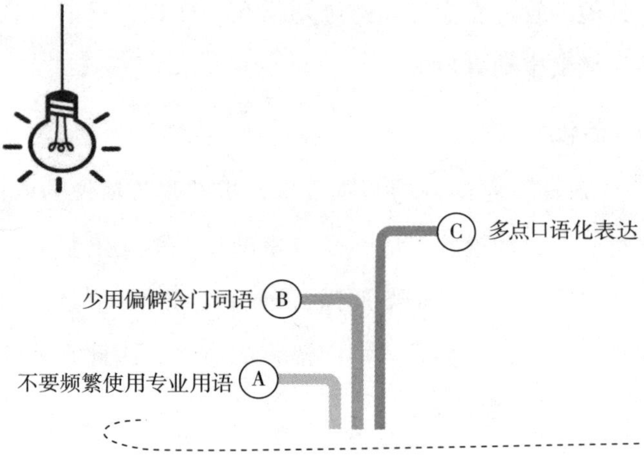

图 5－7　演说语言需做到的三点

3. 要生动

语言大师老舍说得好："我们的最好的思想，最深厚的感情，只能被最美妙的语言表达出来。若是表达不出，谁能知道那思想与感情怎样好呢?"所以，好的演说，语言一定要生动。如果只是思想内容好，而语言干巴巴，那就不可能成为一场成功的演说。那么，如何才能使语言生动感人呢？可按照以下五点进行，见图 5－8。

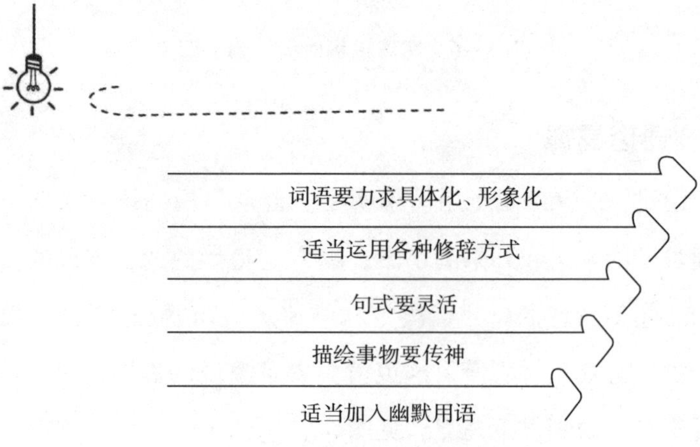

图 5－8　演说语言生动的五个技巧

5.6 情感：别做毫无情感的机器人

有不少管理者，他们专业能力非常出色，做起会议陈述时条例非常清晰，流畅完整，但是，当他们演说时，场面总是有点尴尬，因为无法充分地调动起现场听众的情绪。但是，有一些管理者却常常能让听众的情绪完全进入到他的演说中，跟随着他的演说而动。就像马云、雷军等人，现场的听众经常被他们的一番精彩演说所折服，全程掌声不断。为什么会有这么大的差别，因为前者上台演说就像机器，内容点都讲到了，但就是没有情感。

2016 年 7 月 8 日，北京卫视播出了一档节目，节目名称是《我是演说家》。这档节目是以演说为主题的节目，而就在那天，节目中的一个演说者的演说不止感染了在场所有人，其演说视频也在互联网上疯传。

她此次的演说之所以成功，就是因为听众在她的演说中感受到了她真实的情绪，并受到了鼓舞。她此次的演说主题是《少年强则中国强》，核心内容是“国家给予的安全感”。很多时候，这种过于严肃的内容并不会受到太多人的关注，但是她的这次演说却是例外。而她之所以能成功，就是因为她把握到了演说的情感，真实并能让受众感同身受。

首先，她的学历背景为演说增添了权威性和说服力，因为她是哈佛大学肯尼迪学院硕士，本科毕业于清华大学法学院，曾为党和国家领导人担任翻译，对国际关系和形式有非常深入的了解。

其次，真实。她用自己的亲身经历证明了她为“祖国提高的安全感感到自豪”的情感的真实性。

最后，她把自己的情绪带进了演说中，她对自己的演说内容有着非常深刻的认同。而且演说经验丰富，对演说有着极大的把握，用户可以从她的脸部表情、肢体语言感受到演说中的真实情感。

虽然许吉如不是一名管理者，但是她对演说情感的掌控非常值得管理者们学习。那么，如何才能做到像许吉如一样让自己的演说充满情感，产生极大的说服力呢？可从以下几点入手。

1. 移情：让受众和自己有共同情绪

罗比特·麦基在《故事》中提到移情就是让观众觉得像自己，从而拉近台上台下的距离。在演说中，移情让观众觉得像自己，就是表达的内容观众也经历过，有着共同的情绪。

比如2015年，知名主持人柴静拍摄了一个纪录片《穹顶之下》，这是一个纪录片，同时也是一篇长篇的演说。在环境污染这个问题上，这部纪录片引起不少人的共鸣。仔细分析柴静在《穹顶之下》的表达，就可以发现“情感共鸣”，让观看者感同身受是其中一个非常重要的特质，“同呼吸，共命运”一直反复出现。

2. 真实：让受众和自己有相同情感

不管是写文章，还是演说，其内容都要真实，真实才是情感的基础，自己的切身经历往往比名人的故事更能让受众产生共鸣。所以，一定要用自己的故事作为演说的内容之一，不要瞎编，因为编出来的故事，说得再好也会有漏洞，很容易让受众产生负面情绪。

柴静的《穹顶之下》为什么会受到大家的欢迎，就是因为真实，主题真实、内容真实、情感真实。她描述的都是发生在自己身上的故事，而这些故事也是受众正在经历的，因此，很容易就能把受众的情感带进来。当她愤怒、厌恶、恐惧、幸福、快乐时，受众也会随之愤怒、厌恶、恐惧、幸福、快乐。

3. 释放：释放自己的情感才能释放受众情感

怎样才能让自己的演说显得感情丰富，并感染到受众？首先要做的就是把自己的情绪带到演说中，先释放自己的情感才能释放受众的情感。那么，如何才能充分释放自己的情感呢？可按照以下两点进行。

第一，释放自己内心的热情。科学研究表明，热情是有感染力的，想要感染别人，就先要感染自己。如果对自己的演说主题充满热情，那么演说的情感就会显得更加真实，也就更有可能说服并感染受众。

第二，让演说像好友交谈一样自然。演说者要不断练习，把演说内容内化于心，如此才能流畅地演说，就像和好友在亲切交谈。因为越自然，你的演说就越容易和受众建立情感联系，并获得他们的认同。如果在演说时的声音、手势和肢体语言与演说内容不协调，会让受众对你的演说内容产生怀疑。

5.7 技巧：成为超级演说家的关键

不是人人都可以成为超级演说家，也不是每个管理者都可以通过演说为自己的 IP 加分。这其中的关键就看你是否掌握了演说的技巧。演说的技巧不止包括了准备功课、选对主题、做好开场、掌握语言、把控情感，还包括了演说时的发声、节奏、速度等很容易被忽略的技巧。这些要点加以配合，互相补充，才能成就一场精彩的演说。

马云，可以说是所有管理者中最会演说的一个。他的演说受到欢迎不止是因为他的成功，以及精彩的演说内容，他对演说技巧的把握也是他演说成功的关键点之一。就以他在首次担任的浙江商会的会长时的演说为例。

首先来看马云的发声技巧。观看马云全程的演说视频，发现马云的演说带了点口音，但是吐字还算清晰，不至于像很多南方人一样口音太重而造成歧义。他的声音洪亮圆润，且富有变化，即使十分钟的演说也没有削弱他的声音，声音持续有力。

其次看马云的节奏技巧。比如他说这一段话时的节奏：“因为商人这个东西不是学校能培养出来的，也不是国家政府能够训练出来的。说我培养多少个管理者出来，这是很难的。商人纯粹是靠自己对市场的把握、独特的眼光、拼搏的能力打出来的”。他把重音放在了培养和训练上，前两句的语调也是较为上扬，是为了强调自己的观点特意加重的。

在说“商人纯粹是靠自己对市场的把握、独特的眼光、拼搏的能力打出来的”这一段话时，他在市场的把握、独特的眼光、拼搏的能力做了停顿，这个停顿的处理是马云为了突出商人是以依靠什么成为商人的。

最后看马云演说的语速，他的语速处理符合演说的要求，比他平常说话时要慢上许多。但是在开头和结尾部分语速会稍微慢一点，而在中间讲述重点内容时，语速就会较快。比如他在讲述这一段时：“我个人认为战略是不可以被复制的，任何能被复制的东西都是复制品，真正不能被复制的都是艺术品。就像我脸长成这样就是艺术品，那些美容做出来的就是复制品，那是很容易可以做到的。企业的战略更是这样，所以我自己觉得每一个管理者你要把自己的企业的产品，把自己的服务打造成一种艺术品，无人可以复制，无人可以超越，只有你自己可以超越。因为只有这样你才能走得久，你才能走得远。”

除了上述的优点，马云的演说还有不少优点，当然也存在着一定的缺点，但是他演说的成功确实是毋庸置疑的。我们可以去网上搜寻马云演说的视频，分析一下马云是如何演说的，将其优秀的一面收为己用。

从马云的演说案例来看，可以总结出三点演说的技巧：

1. 演说的发声技巧

演说和唱歌一样，也是要讲究发声技巧的。演说和我们平常读文章或说话是不一样的。一般来说，发声技巧包括以下几个方面。

第一点，吐字。吐字要准确清晰，因为汉字有一字多音的情况，如果吐字不清晰可能会造成用户对演说内容的误解。比如要说谁重创（Zhòng chuāng）了公司，结果说成重创（Chóng chuàng）了公司，这意思就天差地别了。

第二点，声音。一般来讲，演说时的声音有以下三点要求，见图5－9。

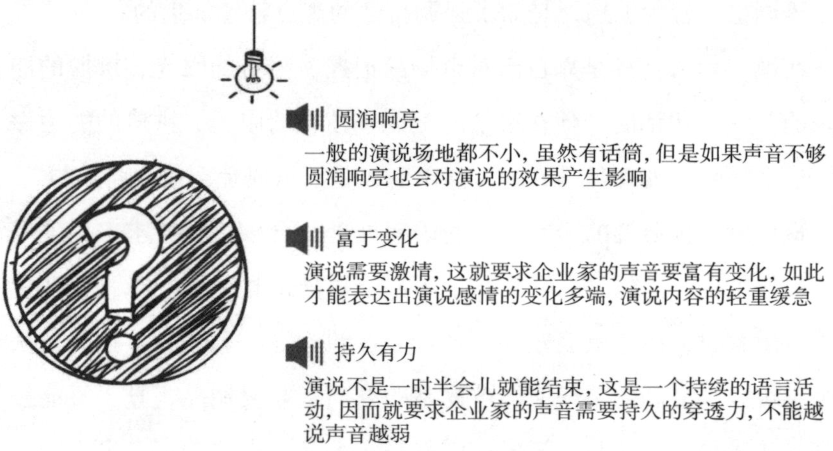

图5－9　演说时声音的三大要求

2. 演说的节奏技巧

和唱歌一样，演说也是有节奏的，如果没有节奏，那么演说就无法产生美感，也无法产生情感，听众听了肯定会昏昏欲睡。一般来说，演说的节奏技巧包括以下四点。

第一点，重音。可以帮助你表达出思想重点，抒发情感，加深听众的印象。重音分为两种，见图5－10。

第二点，停顿。一般指说话中话语的短暂停歇，是演说需重点掌握的技巧。停顿一般可分为四种。

（1）语法停顿。是指标点符号之间的停顿，符号不同，停顿时间也不同，见图5－11。

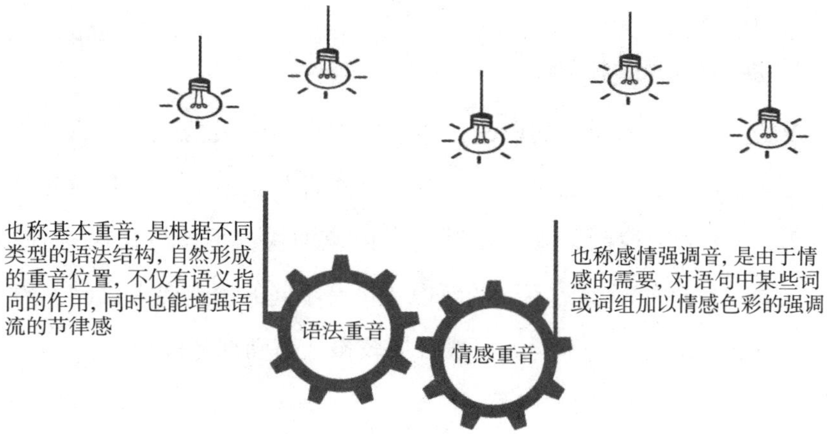

图 5-10　重音的两个分类

图 5-11　不同符号的停顿时间要求

（2）逻辑停顿。是为了突出某一语意所做的停顿，不受标点符号的束缚。

（3）感情停顿。是为了某种情感或受感情支配而做的停顿，不受标点符号限制，需与重音相配合，感情停顿处理恰当能比有声语言更丰富、更深沉，可产生“此时无声胜有声”的效果。

（4）生理停顿。是指在演说到长句时，找中间某个合适的地方停一下，换一口气。

3. 演说的速度技巧

速度主要是指演说中的语速，语速的快慢对于表情达意非常重要。演说的语速有以下几个注意点：（1）介于播音与报告之间，每分钟200音节；（2）受情绪控制，兴奋激动时，语速加快；平静沉思时语速变慢；（3）受演说风格的限制，不同的演说风格有不同的语速要求；（4）演说的开头、高潮、结尾语速不同，一般首尾较慢，高潮部分较快。

第6章

加深：让 IP 更亮一点儿，再亮一点儿

不少管理者成为 IP 后，就像一些网红一样很快“消失”了。究其原因，是没有进一步加深，将 IP 巩固下来。只有借助各种手段让 IP 亮一点儿，再亮一点儿，IP 才能持续地存在下去，才能给管理提供更大的价值。

6.1 颠覆与实用并存，IP 才能更深

在网上，经常会发现这样一种情况，企业提出了很多与自己的观念完全相悖的观念，比如说一些新的思维，新的概念，新的产品，大部分的时候，用户都会被这些新思维、新概念、新产品所吸引，可是结果往往却和预期不同。用户会发现这些新思维、新概念、新产品只是为了“颠覆而颠覆，并不具备任何实用性”，因此，提出这些“颠覆”的管理者就会被贴上“忽悠大师”的负面标签。所以，管理者在提出了一些颠覆性的“新思维、新概念、新产品”，并依靠这些吸引了粉丝的关注时，一定要注意它们的实用性。

2016 年的云栖大会上，马云提出了未来的变化不仅会出现在零售领域，也将出现在制造、物流、金融等领域，因此提出了“五新概念”，并对此做出了解释。

新零售是指互联网时代，传统零售行业受到了电商互联网的冲击。未

来，线下与线上零售将深度结合，再加现代物流，服务商利用大数据、云计算等创新技术，构成未来新零售的概念。纯电商的时代很快将结束，纯零售的形式也将被打破，新零售将引领未来全新的商业模式。

新制造是指所有的制造行业，因为零售行业的变化，原先的 B2C 将彻底走向 C2B 的改造，也就是按需制定，注重智慧化、个性化、定制化。

新金融是指过去两百年的金融是二八理论，支持了工业经济的发展，因为只要支持 20% 的大企业就能拉动世界 80% 的发展。但是未来新金融必须去支持“八二理论”，支持那些 80% 的中小企业、个性化企业、年轻人、消费者。

新技术是指出现了移动互联网以后，也许原来以 PC 为主的芯片将会是移动芯片，操作系统是移动的操作系统，原来的机器制造将会变成人工智能，原来机器吃的是电，未来机器吃的是数据。

新资源是指过去的发展是基于石油和煤，未来的技术发展基于新能源，那就是数据。

马云这些新概念，其实是对当下流行思维的一种颠覆，甚至颠覆了他自己以前提出的思维，因而马云在因这些新思维获得了不少支持的同时，也有不少人存在质疑，一些人甚至认为这只是随口一说。但是马云却用实际行动证明了这些思维的实用性，让这些质疑者最后变成了支持者。

2017 年 7 月 11 日，马云向阿里系全员发邮件宣布成立阿里巴巴“五新”执行委员会，该委员会成员构成几乎囊括了阿里系主要业务线的负责人，显示了马云要落实“五新”概念的决心。

虽然“五新”听上去高深莫测，但每一个都与用户的日常生活密切相关，其中，新零售就是马云提出的第一个概念以及执行落实的第一个概念。

新零售的本质是用户更加方便、更加快捷地购物。马云认为：“纯电商的时代已经结束，未来10到20年是新零售的天下，而抓住新零售的关键就是把线上线下和物流结合到一起。”

马云的新零售概念最为直观的表现就是在杭州落地的“淘咖啡”无人店以及在天猫618期间亮相的“新零售体验馆”。在“淘咖啡”，阿里巴巴将无人结算技术应用到线下场景，利用自动感知、目标跟踪分析、图像识别等技术，来自动识别每个进店的用户，并完成用户自动支付的行为。

马云通过自身证明了颠覆性思维的实操性，因而引起了业内的疯狂追捧，特别是新零售，现在就出现了很多无人超市，无人便利店，而市场也证明了这些无人超市确实是被用户所需要的。

颠覆与实用并存，这就是马云被疯狂追捧，成为最红的IP的原因之一。

1. 在实用性的基础上思考颠覆性

要想吸引用户的关注，加深IP的亮度，颠覆性是必不可少的。但是这个颠覆性并不是随随便便就能提出来的，而是要在实用性的基础上再提出，这种实用性就和手机产品的功能一样，再新潮，再先进，用户用不到也是无用。比如闪光灯，很多手机都具备了闪光灯功能，最初推出这个功能的时候，也被很多人认为很“高大上”，但实际上，用户在拍照时用到闪光灯的机会非常少，即使用到了，拍出来的效果也不理想。所以一定要避免自己提出的新思维、新概念、新产品成为这个“闪光灯”。

2. 基于大数据思考颠覆性

最能证明一个思想或产品具备实用性的莫过于大数据，如果有了大数据的支持，那么这个思维或产品再颠覆也能具备一定的实用性。如果是在大数据的基础上做出颠覆性思考，就可起到两大效果（见图6－1）。

3. 基于事先验证思考颠覆性

在提出一个新思维或新产品之前，最好能先验证一遍，有了现实的成

图 6-1　基于大数据做颠覆性思考的两大效果

功案例后再推出，如此可以让实用性更加有保证。有不少管理者在想到一个新思维时，或设计出一个新产品时，认为肯定能掀起热潮，吸引用户注意，就迫不及待地推出，并没有经过事先的验证，结果却被狠狠“打了脸”，被贴上了“忽悠大师”的标签。雷军就曾犯过这种错误，当时微信刚刚推出，雷军为了增强竞争力，提出了“铁人三项”的新概念，想开发米聊与腾讯进行竞争，甚至打败对方。雷军这个“铁人三项”计划吸引了不少人的关注，特别是米粉们，但是结果却证明，雷军这个没有经过验证的想法失败了。因为以硬件起家的小米公司并不具备软件的实力，特别是面对这个以“软件”起家的腾讯。“铁人三项”的失败，让很多人给雷军贴上了“忽悠大师”“自不量力”“不务正业”的标签，对雷军的 IP 形象起到了不小的负面影响。

6.2 提高曝光率，并不断强调

如何让一开始就设计好的 IP 形象牢牢地黏在自己的身上？其实，最简单粗暴的方法就是提高曝光率，不断以某种 IP 形象出现在用户面前，自然能加深用户的印象。比如陈欧，只是一则“我为自己代言”的广告，只能提高陈欧的知名度，如果之后没有频繁出现在用户面前很快就会被用户忘记。

因此，他不断地提高自己的曝光度，比如参加各种各样的综艺节目，然后不断地强调自己的“年轻创业者、勇于追梦、活出自我”的 IP 形象。结果证明，陈欧的这种做法是正确的，不管聚美优品现在发展得如何，他还是管理者 IP 中微博粉丝人数最多的。

周鸿祎，他的鲜明的个性和所引发的争议，在互联网界无人能出其右。他最为显著的标签就是“红衣教主”，别名“红衣大炮”。一方面是因为喜欢穿红色 T 恤，另一方面是因为他的创业史就是一部“斗争史”。他通过一次又一次的“斗争”，通过“斗争而来的关注度”，让“红衣大炮”

这种敢说敢为的个性被用户深深地记住。

第一次斗争史：CNNIC。1998 年年末，周鸿祎创立了 3721 网络实名软件，与 CNNIC 和百度展开了互联网资源的争夺战。为此，周鸿祎与 CNNIC 展开了激烈的“斗争”，并引起了广泛的关注。经过调查，周鸿祎发现 CNNIC 是一个没有公章的非法机构，于是他在媒体中大骂对方。最后此事不了了之，但周鸿祎因此一战成名。

第二次斗争史：百度。2002 年末，百度推出地址栏搜索插件搜霸，与 3721 网络实名软件类似。之后周鸿祎和李彦宏打起了官司，甚至发生“肢体冲突”，该次事件被媒体疯狂报道。周鸿祎的“好斗”形象也因此加深。

第三次斗争史：瑞星。2008 年 7 月，瑞星宣布推出个人版最新杀毒软件、防火墙，并和卡卡 6.0 捆绑，向全球用户免费服务 1 年，并炮轰 360。面对这种情况，周鸿祎不甘示弱，正面迎战瑞星，并获得了全面的胜利。此次的胜利让周鸿祎名声大噪。

第四次斗争史：金山。同是 360 对手的金山，也被周鸿祎列为了“斗争对象”。2010 年，360 安全卫士与金山网盾产品发生多次冲突，周鸿祎连发数次微博，与金山 CEO 公开对战。此次斗争，也是周鸿祎大获全胜，2010 年年底，金山宣布旗下产品全面免费。

第五次斗争：腾讯。2010 年年底，360 迎来了最强的对手——腾讯。2010 年 11 月 3 日晚，腾讯称：“凡是装有 360 软件的电脑上，QQ 软件停止运行”。随后 360 推出了“WEB 客户端”，但腾讯随后就关闭了该服务。之后双方的战争再度升级，虽然在工信部等三部委的干预下，腾讯与 360 已经兼容，但之后双方闹上法庭，互相索赔过亿元。

第六次斗争：小米。为了进入互联网智能手机行业，2012 年，周鸿祎又和“雷军”开战，炮轰小米手机三宗罪。炮轰后，推出了 1699 元的 360 特供机 AK47，目标直指小米手机。随后，周鸿祎和雷军的矛盾升级。

第七次斗争：百度。2015 年 3 月，周鸿祎被百度网讯公司和百度在线公司（以下合称百度）以侵犯名誉权告上法庭，并索赔 500 万元。李彦宏与周鸿祎的战争又一次展开，并受到全民关注。

其实周鸿祎的“斗争史”还有很多，每一次的“斗争”都能给周鸿祎带来不小的曝光度，而他的“红衣大炮”形象也在斗争中一次又一次地加深。如果要问用户：“谁是互联网界最好斗，最敢斗的人?”用户肯定会回答：“周鸿祎。”

其实不管是陈欧还是周鸿祎，不管是参加综艺还是与他人做“斗争”，其目的都是为了提高自己的曝光率，加强自己的 IP。

1. 找到合适的曝光方式

每个管理者、每个企业都有自己的特点，所以要增加曝光率，适合的方式也不同。如果方式选择不当，反而可能会导致结果走偏。现在不少企业管理者都喜欢参加综艺，其实这是一个很好的方式。一般来说，综艺节目的关注度都很高，如果操作得当，管理者的走红速度与 IP 标签黏性并不会比明星低。但是参加综艺节目需要注意以下三点，见图 6－2。

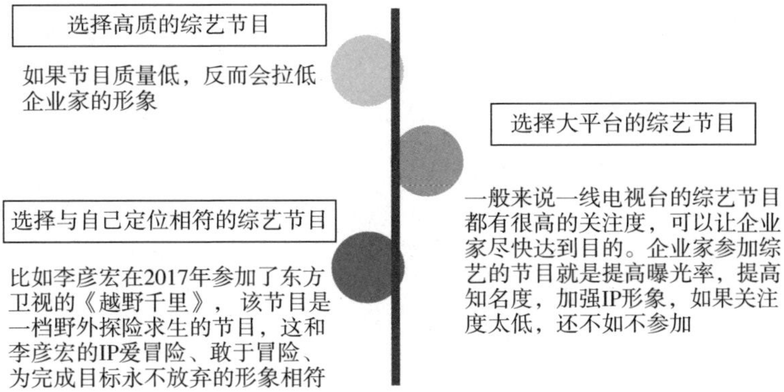

图 6－2　参加综艺需要注意的三个问题

2. 明确每次曝光的目的

不是每次曝光都能带来好的结果，所以一定要明确曝光的目的。换句话说，就是要通过这次曝光得到什么。比如陈欧上《非你莫属》，他是长期嘉宾，因而每周有固定的曝光度，那么他参加这个节目的目的是什么呢？就是为了巩固他的IP形象，让用户加深、加大对他的认知。而这档节目显然也和他的IP定位相符。《非你莫属》是一档现场招聘节目，所以结果显而易见。陈欧通过《非你莫属》扩大了知名度，加深了原有的IP形象。

6.3 创新多做一次，IP 更深一点儿

作为企业，创新永远是必不可少的生存手段。一个企业能否持续不断地进行产品创新，开发出适合市场需求的新产品，是企业持续稳定发展的关键。尤其是在科学技术日新月异、产品生命周期越来越短的时代，企业面临的挑战更加严峻。如果不及时更新产品，就可能会导致企业的消亡。诺基亚就是因为没有创新，所以被苹果打败，最后从世界第一手机商成为末流。管理者 IP 也是如此，如果不具备创新的能力，跟不上时代，跟不上用户需要，不能够不断地提高用户新鲜感，那么也必然会被其他人所替代。所以，创新是打造 IP、加深巩固 IP 的必做工作。

李彦宏，百度创始人、董事长兼首席执行官，全面负责百度的战略规划和运营管理。除此之外，李彦宏还是一名人气颇高的 IP 型管理者。在李彦宏身上，可以看到创新对于打造一个 IP 型管理者的重要。

李彦宏对于创业、对于产品有着自己独特的看法，且随着阅历的增长，他总能提出一些新的看法，这也是他的演说一直广受追捧的原因。比

如李彦宏曾提出了“五级领导力”管理模式。将管理层划分为仅有的五个层级，让企业在不断地壮大的过程中能够仍然具备扁平化的高效管理模式，并创造性地运用柔性与刚性相结合的管理艺术，对企业的各个阶层，均有明确的能力素质评价指标。李彦宏的这个管理理论受到了很多管理者的追捧，也因此吸引了不少“管理粉”。但是李彦宏对于企业管理的看法不是一成不变的，他认为企业在发展，管理方法也需要不断地进行优化。

2017 年年初，百度人事调整上了两次头条。1 月 17 日陆奇加盟百度，之后李彦宏夫人马东敏回归百度，出任 CEO 特别助理，加入总监会。这个人事变化传递了李彦宏对于管理的深刻自我变革的决心和方向。李彦宏在新年的内部公开信中对管理做了回答：“管理层也要有新陈代谢。能的人上，不能的人要下。好就是好，不好就是不好。做得好的要奖，做得不好的，也要采取措施。”

李彦宏能成为成功的 IP 型管理者，其实与他能不断提供创新型的产品是分不开的。在百度之前，李彦宏为道·琼斯公司设计的实时金融系统，至今被广泛地应用于华尔街各大公司的网站；后其最先创建了 ESP 技术，并将它成功地应用于 Infoseek/GO. COM 的搜索引擎中；GO. COM 的图像搜索引擎是他另一项极具应用价值的技术创新，其拥有的“超链分析”技术专利，是奠定整个现代搜索引擎发展趋势和方向的基础发明之一。现在，李彦宏又准备在人工智能上大显身手，如今无人驾驶汽车已经初具雏形，吸引了不少用户的关注。接下来李彦宏还会推出更多的具备创新性的人工智能产品。

李彦宏的打造 IP、加深 IP、巩固 IP 的方法其实很简单，就是在最重要的两件事上进行创新：一是思想；二是产品。如果你还在为如何才能通过创新加深 IP 而苦恼，不妨从这两个方面入手。

1. 在思想上实现创新

管理者最吸引人的地方就是他的思想，否则为何李彦宏，还有马云、周鸿祎、雷军、李开复等人的发布会、分享会座无虚席，甚至还有人卖起了票？就是因为他们的管理思想。听他们的演说可以得到很多创新、超前、有用的思想。而这些创新的思想，也是他们能维持 IP 长久不衰，且越来越深的根本原因。比如李开复，他是 IP 型管理者的先锋人物，人气非常高，他的演说非常受欢迎。因为每一次演说，李开复都能给用户分享新的思想。比如 2017 年 7 月，李开复受邀出席麻省理工学院“人工智能与未来工作”峰会，在会上他就分享了对中国人工智能发展的最新看法，获得了现场不少用户的认可。他在峰会上演说的内容主要为以下几个方面（见图 6－3）。李开复此次分享的内容与他人不同。很多人认为中国的 AI 发展缓慢，与美国、日本相比差得很远，但是李开复并不这么认为，并用事实依据证明自己的看法并没有错。

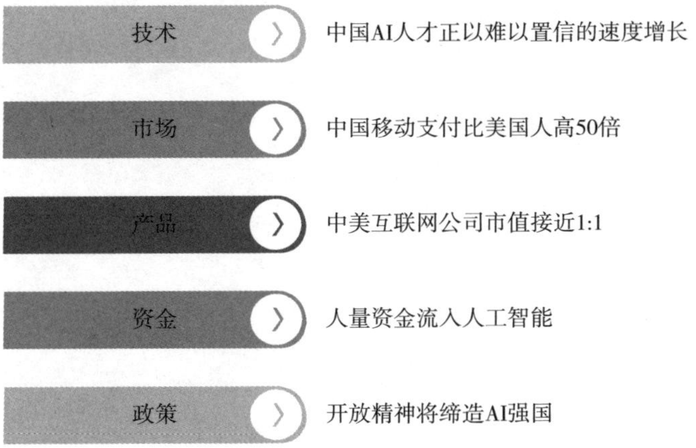

图 6－3　李开复对中国人工智能发展的五大看法

2. 在产品上实现创新

想法再好，也需要有现实的成功案例来支持。就像是马云，马云当初提出的“互联网”在当时绝对是创新的、超前的思想，但是如果不是阿里巴巴成功了，那么马云的想法再好也没有人愿意听。因此，除了要在思想上创新，最为重要的就是要在产品上实现创新，通过产品给用户提供新鲜感。就像是雷军，雷军之所以被称为“雷布斯”，就是因为他和乔布斯一样能在产品上不断地创新。从小米手机到小米手环再到小米平板，以及其他方面，雷军每一次都能给用户惊喜，因此他的IP形象才能越来越牢固。

6.4 企业做得越好，IP 形象越深

在娱乐圈有这么一句话：“靠作品说话的演员才会走得更远。有了作品，流量迟早都会有，没有作品，流量迟早都会散。”明星要看作品说话，管理者就要靠业绩说话。企业业绩做得越好，IP 的形象就会越深。为什么这么说？可以通过两个典型的正反面例子来理解一下。

正面：马云。

马云原来是个什么样的人呢？杭州师范学院外语系毕业，创过几次业，也换过几份工作，批发过服装、开过翻译社，到三十五岁的时候也没有什么成就。当时提出了“电商”的概念，很多人认为他是一个疯子。但是到了后来，阿里巴巴初见起色，大家认同了马云的“电商”概念，马云也有了一定的影响力。可是，当时马云的影响力绝对还不像现在这样，随便一句话就能上热搜，随便做一件事就能提高社会对阿里巴巴的关注度。特别是马云提出的一些未来发展的新概念、新思维更是被很多人奉为圭臬。让他成为有如此影响力 IP 的原因是什么？其实就是阿里巴巴，他把阿

里巴巴做出成绩了，甚至做成了世界一流企业，每年“双11”都破纪录的销售额，每天都在增长的天猫版图，都是让马云IP影响力越来越大的原因。

反面：陈欧。

大家都知道陈欧是通过“我为自己代言”成为IP的。在之后的两年，陈欧也确实越来越火，关注度甚至超过了马云。他的微博粉丝确实比马云多出一倍。而在他的IP形象最有影响力的那几年，正是聚美优品发展得最好的时候。聚美优品在纽交所成功上市时，陈欧的IP影响力达到了巅峰。用户对他的一些创业理念，对他的“敢于追梦、勇于拼搏”的80后创业代表形象更是非常认同，很多人都认为陈欧是80后创业成功的典型代表。但是随着聚美优品的发展越来越慢，甚至从纽交所退市后，陈欧的IP光环也越来越弱。用户不再把他的关于创业的一些看法奉为圭臬，甚至产生了不少质疑。比如2017年陈欧投资街电，却被很多人质疑，认为他投资眼光有问题，甚至是不务正业。这个项目必败无疑。

为什么马云和陈欧同为IP，差别却如此之大？其实根本原因就是一个把企业管理得越来越好，一个却把企业管理得越来越差。没有业绩作为支撑的IP型管理者是不会长久的。企业业绩越好，IP越亮，反之亦然。当然，如果哪天聚美优品再上轨道，或是陈欧的街电成功了，陈欧的IP光环必然能再次回来。毕竟低谷谁都会有，就是马云也曾经历过。

1. 始终牢记打造IP的目的是为了企业

管理者在打造IP的过程不要忘了初衷。我们的目的不是成为明星，而是为了通过自身的影响力去提高企业的影响力、提升管理水平。所以，把企业管理好是最本职的工作，而成为IP其实是为了完成本职工作的一个方法。

管理者如果搞错了重点，还有可能会导致一种情况：失去对企业的控制权。就像是王石，虽然万科发展得越来越好了，但是王石却被“踢”出了万科。虽然王石离开万科主要的原因不是因为 IP，但也不能否认王石因为过于注重发展 IP，而渐渐减轻对万科的管理权。

2. 用现有的 IP 影响力去推动企业的发展

如何才能把企业做得越来越好？其实这是一门很深的学问。涉及到机遇、能力、资金等等各个方面的问题，此处就不一一赘述。管理者打造 IP 的目的是什么？就是希望通过 IP 帮助企业发展，提升自己的管理水平。那么，此时管理者就要懂得利用现有的 IP 影响力去推动企业和管理水平的发展，这是一个反哺的过程。

6.5 要统一调性，别弱化 IP 形象

一些管理者可能遇到过这样一个问题：“为什么我的 IP 形象打造不成？为什么用户记不住我？为什么用户常常把我和其他人搞混？”究其原因，是在打造自己的 IP 时没有统一调性。什么是统一调性？其实就是企业品牌的统一性原则。品牌统一性原则是为了打造企业形象对外传播的一致性与一惯性，运用统一设计和统一大众传播，用完美的视觉一体化设计，将信息与认识个性化、明晰化以及有序化，让品牌在各种传播媒体上的形象达成统一，创造能储存与传播的统一的企业理念与视觉形象，如此就可强化企业形象，让企业的信息传播更加迅速有效，给用户留下强烈的印象与影响力。IP 设计也是如此，要保持统一性，才能给用户留下强烈的印象。

要说 IP 型管理者中最红的人是谁，莫过于被称为“娱乐圈纪检委”以及“国民老公”的王思聪（见图 6－4）。几乎每一周都能在微博热搜榜看到王思聪的身影，他的一举一动都引起网友的疯狂评论。而王思聪有这么高的热度，就是因为他所塑造“亲民的富二代”“年少无畏”“屌丝心

态”“直言不讳”的与其他富二代明显区别的IP形象。有人说“王思聪是最不像富二代的富二代”，而这种IP形象却让王思聪显得接地气，没有以往豪门之子的高高在上的距离感，而这也正好符合年轻人的价值观。

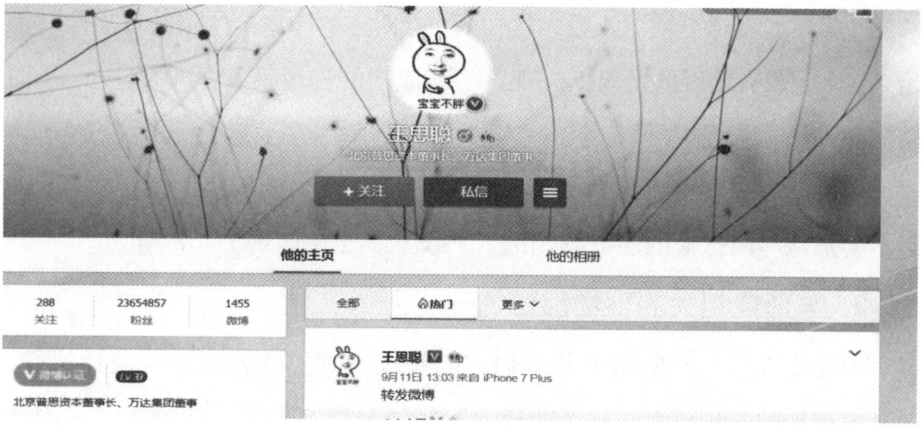

图6-4　王思聪微博

而从王思聪第一次出现在大众面前，直至现在也一直维持着这种形象。他可以花几十万元唱个歌，也可以花几元钱在街边吃个麻辣烫，直至现在他也没有改变肆意的风格。此外，只要他看不顺眼的事情，他照样直言不讳，完全不在意会不会给自己带来什么样的影响。除了娱乐圈，他甚至连万达旗下的酒店也批评过，说是“是他住过的最差、最傻的酒店”。这次事件还引起了网友的二次创作热潮，甚至有网友直接评论：“难道王思聪不怕回家他老爸王健林打死他吗?”

当然，说他是最不像富二代的富二代，是因为他在玩的同时，也是个年轻有为的管理者。他所投资的企业，已经有五家成功IPO。2015年更以40亿元的身价跻身胡润富豪榜。而这并不是依靠家族关系，而纯粹是因为自己的投资眼光，过人的商业头脑。他的核心产业“电竞”，和万达这种传统行业没有任何关系。

王思聪的这种IP风格，是他受人欢迎的最重要原因，所以他直到现在也仍保持着“爱玩、屌丝”但“商业能力”很强的形象。

1. 不要随意改变自己的人设

管理者不要随随便便就改变自己的人设，一会儿是“草根逆袭”人设，一会儿又是“霸道总裁”人设，这样用户会对你的印象产生错乱。当然这是建立在人设没有错误的情况下。观察一些成功的管理型 IP 可以发现，他们的核心人设一直都是不变的。比如王石的人设，一直就是爱冒险的运动家。所以，用户对王石的第一印象就是“爱冒险、爱探险、爱运动”，绝对不会把他与同行业的潘石屹搞混。人设从头至尾的统一非常重要。

2. 与形象相关的事物都要统一

为什么说与人形象相关的事物都要统一？其实这就和品牌设计一样，对品牌识别的各种要素，从企业理念到视觉要素都要予以标准化，采用统一的规范设计，对外传播都要采用一种模式，并坚持长期一贯的运用，不能随意更改。也就是说，你的打扮、在公开场合的发言、做的事情都要统一风格，也就是要符合形象。如此，就可加深用户对你的印象。比如王石，他在公开场合的发言，发微博做演说，日常生活中的行为都与他“运动家”形象相符。经常关注王石的微博，再看他发布与运动相关的精彩内容，就可以对王石的“运动家”的印象越来越深。

3. 始终以企业为核心

保持调性的统一，并不是说就不能发生改变，这肯定是不可能的。但是无论如何改变，既然你当初的形象是根据企业的需要而设计的，那么，之后无论发生任何改变都不能脱离核心，要始终以企业为核心。就像是马云，马云的 IP 形象从一开始到现在，其实多多少少因为发展的需要而发生改变，但是唯有一点是没变的，就是“超前、创新”，因为阿里巴巴的企业形象就是如此。

第7章

维护：管理到位，别让IP塌了

打江山易守江山难。打造IP容易，维持IP长久不衰却不是一件容易的事。通过持续输出价值、保护好人设、别过度放大人格、勿让舆论走偏、统一IP调性等五个方面，有效降低IP没落的风险。

7.1 持续输出价值，别让 IP 断了粮

对商界有持续关注的人可以发现，很多 IP 型管理者在前期很活跃、人气也高，但是到了后期就慢慢不见踪影了，粉丝的关注度也越来越低，管理者的 IP 之光也渐渐熄灭。那么，管理者该如何维持住自己的 IP 呢？首先要做的一点就是持续输出价值，这就和做用户号一样，如果作者不持续更新文章，粉丝很快就会流失。

吴晓波是近几年继罗振宇之后的最红的知识型 IP 型管理者。他原是知名的财经作家，“蓝狮子”财经图书出版人，曾任上海交通大学、暨南大学 EMBA 课程教授，常年从事课程教学。2015 年成为绿地控股股份有限公司独立董事候选人。2015 年 11 月，创办的“蓝狮子”新三板挂牌成功（见图 7－1）。2016 年 3 月，以 750 万元版税收入在第十届作家榜全新子榜单“企业家作家榜”上排名第一。

吴晓波可以说是从作家成功转型为管理者的典范，而这成功的主要因素就是来自于他自身 IP 的影响力。近几年 IP 型管理者层出不穷，但吴晓

图 7－1　蓝狮子官网

波却依然稳稳当当地站在当红的 IP 型管理者的行列，这主要归功于他持续的价值输出。他既从事商业工作，同时还保持着每周写作 6000 字以上的习惯。而这个习惯，让吴晓波可以稳稳当当地维持住自己的 IP。

关注吴晓波的粉丝不少，大多数粉丝都是因为吴晓波对经济、金融的独特看法而被吸引，所以如果一旦吴晓波断了价值输出，那么粉丝关注的热情立马就会下降。所以吴晓波基本上每隔一段时间就会出书，或是在各个平台上做知识型分享。单就图书而言，吴晓波从 2001 年开始到 2017 年，几乎每年都会出版一本颇有影响力的书。

《大败局》（2001），《穿越玉米地》（2002），《非常营销》（2003），《被夸大的使命》（2004），《激荡三十年（中国企业 1978－2008 上）》（2007），《大败局 2》（2007），《激荡三十年（中国企业 1978－2008 下）》（2008），《跌荡一百年（中国企业 1870－1978 上）》（2009），《读懂中国制造 2025》（2015），《转型之战传统企业的互联网机会》（2015），《转型之战 Made in China 再出发》（2015），《腾讯传》（2017）。

除此之外，他还在各大平台做简短的知识型分享。如 2017 年 10 月 19 日吴晓波受邀出席飞贷战略升级发布会，在会上分享了对银行业的看法。

由此可见，吴晓波的 IP 的长青是来自于他持续不断的价值输出。所以，其他的管理者如想维持自己的 IP 不败，也需要和吴晓波一样，坚持输出价值。

此时，也许很多人又会产生这样一个疑问，是不是只要持续输出价值了就可以？当然不是，持续输出只是一个最基本的要求，在价值输出的过程中，还需要注意很多问题。

1. 找合适的时间点做价值输出

价值输出不是用户号的文章更新，不是每一天一篇或几篇文章就行了，而是要找准合适的时间点做价值输出。这样，输出的价值才会产生更大的效应。

比如马云，他在这一点上就把握得非常好。2017 年 3 月 23 日，马云受邀赴“环球转型论坛”，与近 3000 名来自 20 个国家的创业者和年轻人交流。在会上，马云分享了一个对人工智能的看法，其主要的核心观点是：“人类永远不会输给人工智能”。为什么他在这个时间和地点分享对“人工智能”的看法呢？其主要原因有三个方面，见图 7 – 2。

01
2017年人工智能是大热潮，各个企业家都在谈论人工智能的发展

02
阿里巴巴本身也是人工智能发展的先驱者

03
公众对人工智能取代人类有着恐慌感

图 7 – 2　马云输出“人类永远不会输给人工智能”的三大原因

从马云的案例中可以总结出选择价值输出时间点的三个评判标准，见图7－3。

图7－3　价值输出时间点的三个选择标准

2. 不要太频繁做价值输出

持续的价值输出不代表说每天、每周或每个月都要有。正所谓“物以稀为贵”，太过常见、太过频繁地分享价值，久了用户就不会产生任何感觉，其实这一点就像是苹果生产手机一样。每年苹果只会推出一款手机，其目的有三：一是增加用户等待的时间，等待的时间越长用户对苹果手机的渴望就越大；二是增加用户的新鲜感；三是避免用户产生审美疲劳。价值输出也是同样的道理。

3. 高质量地做价值输出

价值输出在精不在多，所以，在输出价值时，除了要注意频率之外，还要注意质量的问题。只有高质量的价值输出，用户才会接受，才会因为此次的价值输出对你的喜爱再加深一层。所以，价值输出一定要建立在高质量的基础上。

7.2 保护好人设，人设一蹋 IP 即毁

关注明星八卦新闻的人也许常常会听到这样一句话："某某某人设崩塌了，他完了！"人设崩塌是什么意思？前文有述人设崩塌指个人形象没有扮演好，多指经纪人给明星设定用户形象不到位；另一方面就是某人的形象因为某件事情而声名俱毁。管理者 IP 如果没设计好人设、维护好人设，人设一旦倒塌，不仅影响人格形象，企业品牌也会受到不小的影响。

李彦宏的人设一直是"敢于冒险，坚定前行"，而 2016 年的医疗广告事件却让李彦宏的人设差点崩了。为此李彦宏选择了一种方式去弥补自己的人设，就是去参加真人秀。而这个真人秀确实也有效地维护了李彦宏的人设。这个节目是著名野外生存家贝尔的新节目《越野千里》。贝尔曾经是英国退役军人，有着丰富的野外生存经验，经常带着各种名人去野外生存，因其敢吃被称为："食物链顶端的男人"。连奥巴马都参加过他的节目。

李彦宏参加这档节目，很多关注百度的用户都在想，在重重考验中，

书生意气甚浓的李彦宏是否能扛得住？通过贝尔的挑战，展现他一如既往的冒险精神、顽强意志。而极其注重形象的李彦宏在泥坑里打过滚、脸上抹牛粪、徒手扒牛皮的样子，确实获得了不少人的好感。而李彦宏的“不怕困难，敢于冒险，坚定前行”的形象也再一次巩固了下来。

李彦宏是人设出现问题之后，参加真人秀来弥补人设。但是，中国有一句古话：“防患于未然”。所以，与其在人设出现问题时再去想办法弥补，不如从源头上就杜绝这种风险。因此，打造人设时要做好以下三个方面的工作，降低人设崩塌的风险。

1. 一定要真性情

人设传播最大的危险就是人设崩塌。引起民愤导致人设崩塌的，不是不完美，而是不真实。对于管理者而言，玩人设，最重要的就是真实。永不露馅，就是真，有实力支撑，就是实。

其实好人设就像是一个人为设定的八面玲珑的面具，似乎将之戴在脸上就能左右逢源得尽人心。而真性情很多时候却不被人所接受。但是时间久了就会发现，如果面具太过完美，那撕掉面具就会让人无法接受。所以，还不如一开始就是真性情。如果用户接受了你的真性情，那么这个真性情就是永远不会垮的人设，因为这不是设计出来的，不是一摘就会掉的面具。

比如当红的花旦郑爽，刚开始她的人设就是“清纯无辜”的邻家女孩人设。但是这并不是她的真性情，她主动撕开了自己的这个人设，以“放飞自我”的真姿态去面对粉丝，结果这个真性情反而让她吸引了更多的粉丝关注，而她也无需再小心翼翼地扮演过去自己邻家女孩形象的人设。

管理者也是如此，如果是设计出来的人设，IP 维持得越久，管理者就需要扮演得越久，久了就会累，累了很可能就会做出一些与人设不符的事情，最后就导致人设崩塌、IP 垮掉。

2. 不要太用力

很多管理者在贴上了某个人设后，所做的事情、所说的话都会符合这个人设的特征，但是往往不懂得把握分寸，而导致太过用力，让用户一看就觉得太假、太油腻，最后却没给人设加分。比如娱乐圈有一流量小花，人气很高，靠着“吃货”人设吸引了不少粉丝，但是却因为太过用力，被观众质疑太假，为了吸粉无所不用，结果疯狂掉粉。所以，在扮演某个人设时也要避免这种“太过用力”的情况。

3. 不要做和人设不符的事情

维护好人设最重要的一点就是不要做和人设不符的事情，特别是那些不太正面的事情。就拿娱乐圈的例子来说，有一歌手因为一直打着“深情”人设，结果却被人扒出来与“深情”人设不符的事情，结果如日中天的事业毁于一旦；与之相反的另一当红一线偶像明星，因为从不打“深情”人设，更不玩“单身”人设，所以即使是网红女友更换了一个又一个，却丝毫不会影响他的人气，更别说对他的事业产生任何影响，反而被赞为“偶像明星中最独树一帜”的一个。

7.3 人格放大要有度，过犹不及

一个人如果人格魅力大，那么必然会获得他人的欣赏。人格魅力是指一个人在性格、气质、能力、道德品质等方面，具有的很能吸引他人的力量，而人格则是人的性格、气质、能力等特征的综合。一个人最大的魅力其实就在于人格的魅力。所以很多管理者在打造IP时，会放大自己的人格去吸引他人的关注，但是很多时候却适得其反。究其原因是因为没有掌握好人格放大的度，这些被不断放大的个性特征已经走向反面或正在走向反面，而本人也许并未察觉。都说“过犹不及，过及必伤”，人格被放大得太过，也是如此。

iPhone，这个让全球粉丝都为之疯狂的品牌，其实也经历过不少的坎坷，如曾经轰动全球的——iPhone天线门事件。美国旧金山当地时间2010年6月7日上午10点，备受期待的苹果开发者年度盛会“Apple Worldwide Developers Conference2011”顺利举行。乔布斯在这次的开幕演说中，公布了新一代iPhone的名字为“iPhone4”。该款手机在功能方面有着非常明显的升级，许多方面都超出了之前的预期，如全新的外观设计、革命性的 RetinaIPS 显示屏、三轴陀螺仪、A4 处理器、全新的拍摄系统，等等。但是，看似完美的产品中却有个致命的缺陷，有不少用户反映 iPhone4 接收信号有问题。该事件像滚雪球一样越滚越大，甚至有人呼吁不要上苹果的当，不要买苹果的产品。

随后，美国《消费者导报》经过实体测试后，证实是其产品天线存在问题，并且该杂志还坚决表示说："因为这个问题，我们不会推荐 iPhone4。"权威杂志的认证，无疑是火上添油。

当时，iPhone4 才推出不久，乔布斯还沉浸在产品热销的兴奋中。面对此种危机，他完全没有任何心理准备。尽管如此，但还是秉承着苹果一贯的"以用户利益为重"的宗旨，让员工们立刻处理这场信誉危机。

乔布斯先是召开了发布会，针对此次事件做了说明，并承诺："如果用户在意信号显示问题，苹果将会提供手机操作系统 iOS 的更新版 4.01 版，并修改信号的显示公式。若用户对这个修改仍不满意，还可以免费获得苹果自产的 iPhone4 皮套，或者按照 AT&T 公司的规定原款退货"。

此外，乔布斯指出："苹果自产的保护套能包裹天线，解决天线接收的问题。苹果会免费向用户提供保护套，如已经购买保护套的，苹果将全部退款。"

此次的危机处理事件，不但没有影响到乔布斯的形象，反而让人看到了他临危不乱，真正以用户利益为重的独特的人格魅力。就这样，乔布斯不仅以人格魅力度过了危机，还赢得了更多人的认可。

毋庸置疑，人格魅力是管理者成为 IP 最重要的一个方面，但是不少企业虽然像乔布斯一样用人格魅力赢得了用户的好感，但是却在不久后，就把这份好感败得一干二净，因为把人格过于放大，以至于让用户认为有炒作的嫌疑。所以，在运用自己的人格魅力去影响用户时，一定要注意以下几个问题。

1. 认清人格魅力本质，才能掌握好度

很多管理者对人格魅力的认知不是很清楚，或者是非常片面，而这就是造成人格被过分放大，导致用户反感的主要原因之一。因此，通过人格魅力打造 IP 时，应该先认清人格魅力的本质，如此才能知道怎样做不会过分放大人格魅力。

那么，到底什么是人格魅力呢？其实人格魅力是一个特别抽象的概念，很难用一句话去形容人格魅力是什么。但是任何一个东西都有组成部分，所以，在一定程度上去还原人格魅力的组成，或许不一定完整，但至少可以帮助管理者了解人格魅力本质的端倪。

第一，广博的知识结构。很多时候我们看某人其貌不扬，但是交流后，就会对他产生钦佩。原因就是在交流中发现他有着非常宏大的知识结构与独到见解。所以，知识的深浅和广博程度，构成了其是否能通过人格魅力成为 IP 的重要因素。

第二，积极的心态与做事的雄心。不是人人都有广博的知识结构，就像刘邦，但是他的内心却是大度而广阔的；比如马云，在早期，虽然他的知识广博程度远远比不了一些名牌大学出身的创业者，但是因为他内心的宽广，所以吸引了很多人追随他。

第三，远大的理想。任何事业的创造都一定要描述出一种远大的理想状态，如此才能不断地吸引他人往自己身边靠拢的同时，还能向前。

第四，格局和眼观。管理者的格局和眼观必然要比普通人更高，不能汲汲于眼前的小利，或是对未来的发展趋势不够高瞻远瞩。如果用户发现你只是一个小格局的人，那么必然不会对你产生任何钦佩的情绪，更别说成为你忠实的粉丝。

第五，坚定不移的精神。一个有着坚定不移精神的人，往往会让人感到某种敬畏并且愿意追随。因为用户会知道这个人是不可动摇的，是百折不挠的，

遇到任何困难都不会害怕的，这样的人就会给人一种信念、安全与引领。

第六，温暖的人性。与坚定不移的品格相配合的还有人性，比如知道关注下属的利益和情感，这会让他更加愿意被人追随。比如刘强东，他对员工的利益非常关心，关心员工吃得好不好，住得好不好，因而当这件事爆出来之后，刘强东获得了颇多赞誉。

2. 把握人格魅力营销注意事项，才能掌握好度

用人格魅力为 IP 做营销时，如要避免被过度放大，需要注意以下几点。

第一，不要把一件小事过度放大。很多人都喜欢用事件营销去打响知名度，这本无可厚非，但是也不能没有个限度。特别是那种体现人格魅力的事件营销，如果被放大得太过反而会招致用户的反感。比如刘强东对京东员工宿舍不满的事件，该事件让刘强东获得了“好老板”的评价，但是如果这件事被一直提起，被无限放大，那么反而会给人留下借机炒作的印象。在有些时候，低调也是一种营销的方式。

第二，不要把自己标榜得太完美。一般的管理者都有这样一种错误认知，认为人格越完美，对打造 IP 越有效。但是这世界上真有完美的人格吗？肯定是没有的。即使有，也是极为罕见的情况。所以，太过完美的人格会让用户产生怀疑。同时，太完美的人格也不利于与用户沟通。对于用户而言，接地气的管理者比“完美人格”的管理者更有吸引力。如果你身上也存在一些并不严重的缺点，会让用户感觉管理者也是和自己一样，普通人身上有的他也有，从而产生亲近感。

第三，可与家族成员进行人格互补。对家族性的企业来说，家族成员之间则可以进行互补。比如李泽楷的果敢、率真与其父李嘉诚的低调、稳重形成鲜明的风格互补；比如王健林的传统低调与王思聪的新潮高调。这种互补，从企业的角度来看，可以获得 1 + 1 > 2 的叠加效应。

7.4 营销有道，别让舆论走向负面

很多时候，管理者希望通过某件事去提升自己的知名度，但结果却与预期相反，知名度是提高了，但是IP形象却毁了。原因就是在营销自己的过程中，没有做好充分准备，让舆论走向了负面，从而让自己的IP形象遭到了毁灭性的打击。所以，营销的过程一定要注意社会舆论的控制。

2016年，王健林有三件事刷爆了网络（见图7－4）。凭借这三件事，王健林的形象也从“高冷的传统管理者”成功转变为“互联网+时代的超级网红”，为万达集团打造了一个超级个人IP，创造了极大的品牌价值。

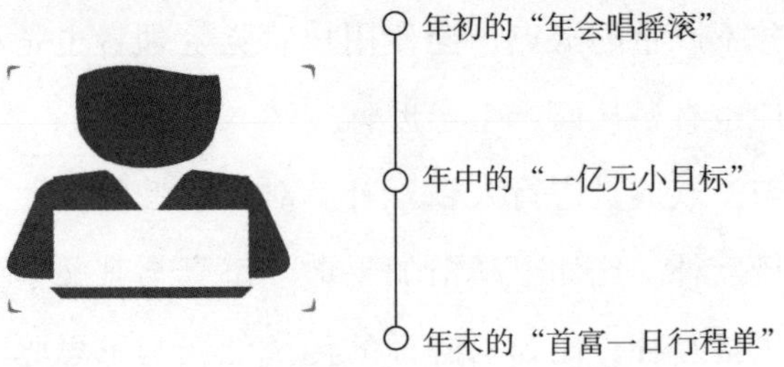

图7－4　王健林的2016年的三次事件营销

先看看这三件事的火爆程度。截至2016年12月9日，王健林唱歌视频全球点击量突破26.7亿，海外点击量高达4.96亿；截至2016年12月11日，“一亿元小目标”的全网信息量为1.37亿，覆盖人群达到35.5亿人次，并引发模仿热潮，有机构研究显示此次事件的传播价值超过7亿元；截至2016年12月15日，“首富一日行程单”全网信息量突破1400万条，覆盖人群高达5.51亿人次。

做到这一切，万达并没有投入多少营销成本，但让人更为惊讶的是，这三次事件居然很少有负面评价。一般来说，热度越高的事件，争议程度也就越高，往往是毁誉参半。但王健林的这三次事件却是个例外。究其原因，还是因为万达的营销团队对舆论的掌控程度颇高。

第一，立足事件本身。之前，王健林虽然也会发表自己的意见，或是在年会上唱歌，但用户对他的认识非常浅薄，除了“中国首富”之外，其他的印象并不深刻，而且看法也谈不上正面，反而是中性和负面居多。

但是通过“唱摇滚”，王健林向用户展示了他的创新意识与个人魅力，与大众对唱歌和摇滚的爱好打成一片，圈粉无数；通过小目标和一日行程单，王健林向用户展示了他的创业思想以及奋斗精神，与当下中国人乐观奋斗、积极向上的正能量高度契合，甚至成为了“中国梦”的一个载体向用户传达一个正面的能量。

王健林的营销从事件本身就是正面的，因而很容易就能引发一股正能量的爆发，从根本上杜绝了负面舆论的产生。有机构研究表示，“一亿元小目标”的整体舆情，正面情感占比为91.43%。

第二，掌握媒体传播渠道。王健林能正确地引导正面舆论，最为重要的原因就是万达掌握了新媒体传播渠道，也就是说，王健林把信息传播的主导权掌握在了自己的手中。2015年11月，万达集团成立了新媒体联盟，融合了万达内部的新媒体传播资源。该联盟覆盖万达集团以及下属系统共

609 个微信号，粉丝达到 3500 万人，微博账号 454 个，粉丝达到 3600 万人。

万达完全可以利用联盟的力量，去引导舆论的走向。比如在“首富行程单”的传播路径中，万达集团自媒体联盟的跟进传播发挥了不小的作用，有效地带动微信、微博平台的舆论热度与走向，并受到了微信最大号“人民日报”的关注。所以，在这三个现象级的热点事件中，很少听见过“王健林在炒作”之类的声音，因为万达都是在内部发消息。

第三，控制传播过程。在这个信息爆炸的时代，热点信息快速更迭，持续时间极短，但是王健林的这个三个事件热度时间都很长。“首富摇滚”话题持续了 20 多天；“小目标”持续了近 5 个月；“首富行程单”持续了一个星期以上。热度时间越长，对王健林正面形象的建立也就越有帮助。与此同时，每当热点话题发酵到一定程度后，万达就立即开始推出王健林的其他正面信息与万达集团的品牌信息。比如首富慈善，万达简史视频，等等，让用户把关注的目光引回正面事件以及企业身上。

如何才能像王健林一样，在打造了现象级热点事件的同时，又能保证正面的舆论呢？可以参照以下三种方式。

1. 善用新闻媒介，正确引导舆论

如果管理者想成为 IP，那么就一定要能够懂得善用新闻媒介，正确引导舆论。正常良性的新闻媒介都是能承担起反映真实情况、引导舆论走向、统一思想认识、缓解社会矛盾等责任。在舆论形成与扩散的过程中，新闻媒介的交流平台是相对自由和宽广的。在这里可形成对真实事件的普遍关注，形成对某一问题的强大理论阵地，同时还可以形成社会力量，只要运用得当，就可以对事件产生好的影响。近几年，舆论环境恶化，一些管理者会受到抹黑，影响管理者及其代表企业的形象。所以，一定要懂得利用这些有影响力、有口碑的新闻媒介引导舆论走向正面。

2. 主动发布第一手资料，掌控舆论主导权

如果发现舆论走偏，或是网络上出现了一些虚假的负面消息，最好的方法就是主动出击，先声夺人，及时发布第一手资料，保证信息的完整性以及真实性。传播学上有个“第一印象效应”理论，用户对于第一时间的报道都会有先入为主的思想。一旦这种思想形成，即使后期收到了与之相反的信息，也很难改变他们的想法。如果不想让舆论走偏，就必须把信息发布的主动权掌握在自己手上，掌控舆论的主导权。

3. 加强舆情监测，化解负面舆论影响

与传统媒体相比，新型媒体有着传播快、互动强、隐蔽高、分散广的特点，在极短的时间内就可以形成巨大的信息量，其事件产生的效应会随着事件不同时间的走向而有所不同，任何一个极微小的信息点都可能引发不可控制的舆论效应。所以，要进行舆论监测，研究分析时间发展阶段的可能趋势与特点，当发现舆论走偏时，才能找到合理的对策与疏导方法，从而有效化解负面公关舆论的影响。

7.5 三个纬度测试 IP 是否出现了问题

很多时候，管理者发现自己的影响力越来越小了，其实这个时候就应该意识到是企业的 IP 出现了问题，需要精心维护。我们可以从以下三个方面来测试 IP 是否出了问题。

1. 能否持久进行资源转化

管理者的 IP，必须符合大众的消费心理以及审美需求。相对于大众的需求来说，管理者不能不超前，但也不能太过超前。当下生活，是一个线下实网与线上虚拟共存的时代，而从某种意义来说，成为 IP 的管理者就是这个管理者最大的资源转换器。管理者把这些资源（见图 7－5）都集合到自己身上，因此更要建立完善的对内对外的个人关系网络，才能将这些资源转化。因此，管理者的 IP 价值越大，这种转化的速度就会更快且更加有效。所以，评判管理者 IP 成功的标准之一就是这些资源是否得到了转化，速度是否够快。

图 7－5 管理者具备的八大资源

2. 是否具备表达个人观点的演说能力

要想成为 IP，管理者就必须对外表达自己的个人观点。这就需要运用到演说。但凡是 IP 型的管理者，必定是一个演说高手。在演说中，他们善用运用“小故事、大道理”的方式去与大众交流，让大众接受自己的观念。卡耐基在研究美国 1 万多成功人士后说道：“一个人的成功，只有 15% 归结于他的专业知识，还有 85% 归于他表达思想、领导他人以及呼唤他人热情的能力。”所以，成功的 IP 型管理者要培养自己讲故事的能力，打造自己的演说风格，用演说去打动他人。如果管理者的演说无法做到这一点，那么就代表管理者的 IP 不够成功。

3. 是否被大部分用户长期认同

管理者 IP 的打造是一个长期的过程，需要被大众广泛接受并长期认同。大众对管理者的满意度主要来自于两个方面，见图 7－6。

图 7－6　大众对管理者两个方面的满意度

用户满意度是一个企业赖以生存的法宝，更是一个IP能否长久的关键。只有满意度不断递增，管理者IP才会越来越亮。

第8章

变现：用管理者 IP 带动企业 IP

管理者打造 IP 的最终目的是给企业带来更多的价值。所以，判断一个管理者 IP 成功与否，最重要的标准就是能否“变现”，能否在产品、品牌、人力、资金、管理等五个方面带来价值；如果不能，则代表管理者的 IP 是失败的。

8.1 产品：管理者每曝光一次，销量就提高一点儿

管理者成为 IP 后，其价值最先体现在产品的销量上。为什么？其实这个道理就和企业请明星代言产品一样，其目的就是想通过明星的影响力提高产品的知名度以及销量。管理者 IP 在某种性质上也是和明星一样，每为产品曝光一次，产品的销量就会提升一层。在这一点，最为典型的代表应属雷军，业内甚至给雷军冠上了“小米超级业务员”的称号，足见雷军对小米产品销量的提升所起到的作用。

2017 年 11 月初，朋友圈被一句话“创业并不光鲜，成功的秘诀就是努力工作”刷屏，这句话同时也上了微博热搜榜。什么人说的这句话有这么大的影响？是的，就是雷军。2017 年 11 月，雷军在小米投资年会上做了一次演说，分享了这两年的心声。此次的演说内容，前文已有叙述。

距离上次雷军在公开场合演说已经有一段时间，甚至也有很长一段时间没看到雷军出现在用户眼前，好像雷军一下子就沉寂了下来。那么为什么雷军此次又会选择在 2017 年 11 月这个时间段做公开演说呢？首先是为

了解除外界这两年对小米的疑问；其次，“双11”即将来临。这个时间不单是全民买买买、商家卖卖卖的狂欢，更是各大企业证明自己实力，证明自己产品销量的关键时间点。所以各大企业都在加大营销的力度。也许不能断定雷军此次的演说就是为了提升小米产品在“双11”的销量，以此一扫近两年的销量缩水的低迷。但可以肯定的是，雷军的演说确实是让很多用户重新把目光对准了小米，间接地推动了小米在“双11”的销量。

事实上，小米公司确实在“双11”取得了好成绩。2017年“双11”小米天猫官方旗舰店支付总金额达24.64亿元，破历史纪录。天猫手机销量前十中，小米占了四席。手机销量第一的是红米4A，还有小米6、小米5X以及红米4X也在前十位；在智能设备方面，获得连续三年销量第一；天猫的电视类目，小米电视销量第一；天猫笔记本类目，小米包揽单品销量冠亚军。

成为IP后的管理者确实对推动产品销量有极大的帮助，这也是管理者们成为IP的目的之一，所以一定要懂得如何利用自己的IP去推动产品的销量。

1. 向自己的粉丝做产品推销

成为IP的管理者，必定会吸引很多粉丝的关注，甚至有很多死忠粉。那么此时的粉丝就是最有价值的消费者，所以粉丝越多，产品的销量就越高。可以把自己的粉丝变成产品消费者，这一点，最为典型的就是罗永浩。为什么一个没有任何手机制造经验的人敢做手机？他如何有自信相信自己的手机能卖得出去？其实就是因为他有大批粉丝的支持，单是这些粉丝就能保证锤子手机的基本销量。但是，除了粉丝的购买量之外，锤子手机却很少有其他用户购买，这其中的原因正是我们需要注意的：一是保证体验感，锤子手机的体验感并不如罗永浩说的那么好，符合他所说的“工匠精神”；二是保证性价比，产品再好，性价比也需要有保证。性价比才是吸引其他不是粉丝的用户的关键。

2. 利用自身的关注度做产品宣传

产品卖得好不好，知名度很重要。现在已经不是“酒香不怕巷子深”的年代，营销推广起到了很大的作用。因此管理者一定要善于利用自己的关注度去为产品做宣传，比如可以在发布新产品前，或者重要的销售节点前，提高曝光率，演说、开发布会、参加综艺节目都可以，以此为产品做宣传，提高产品的知名度。

8.2 品牌：IP更高一级，形象更好一点儿

管理者的IP形象与企业的品牌形象是紧紧联系在一起的。对于用户型企业来说，管理者的IP还可能会影响到企业股票价值走向。可以说，一个企业的品牌形象如何，管理者是起着决定性作用的。管理者IP形象与企业品牌形象在某种程度上已经融为一体，一荣俱荣、一衰俱衰。

管理者IP影响力对企业品牌的影响表现最深的应属陈欧。聚美优品在最开始时，也模仿“凡客体”推出了一则商业广告，但是并没有引起太大的反响，聚美优品的知名度也没有得到太大的提高。之后，聚美优品的投资人徐小平建议陈欧自己上阵代言，于是有了陈欧版的“我为自己代言”。此次的广告非常成功，陈欧由此成为IP型管理者，而聚美优品也顺利打开了知名度。

自从陈欧为自己代言之后，随即密集现身于《非你莫属》《快乐女声》等热门娱乐电视节目（见图8-2），但是和聚光灯一起来的还有挖苦讽刺。有人问陈欧“为什么被骂也要上节目”，陈欧回答说：“因为我知道一个收

视二点几的节目不能放过。而且还是免费的。在所有我出现的时间，我面对的是消费者，我也知道消费者能看到我。”换句话说，陈欧非常了解，当消费者看到他时就代表看到了聚美优品。他的 IP 与聚美优品的 IP 是紧紧联系到一起的。自己的 IP 有多亮，聚美的品牌知名度就会有多高；自己的粉丝增长多少，聚美优品的粉丝也就能增长多少。陈欧说过：“从百度指数上，我一次节目可以拉动两三千，其他嘉宾对应的数字一般是几百。”而随节目播出后，聚美优品产品销量都能上一个台阶。

2013 年，聚美优品已经拥有 1050 万个活跃用户，回购率达到 88.9%，这个数据很大程度上是因为陈欧。

依靠着 IP 的打造，陈欧带着聚美优品敲响了纽交所的钟声，而他自己也成为美国纽交所上市 220 年来最年轻的中国 CEO。

从陈欧的身上可以看出，管理者成为 IP 后对企业品牌的影响非常大。总的来说主要可以体现在以下两个方面。

1. 提高企业品牌的知名度

对于对某个领域关注度不高的人，有时候可能只知道有这么一个产品，但却不知道这个生产产品的企业是谁。套句影视业的话就是：“戏红人不红”。这对企业来说，绝对不是一件好事。因为在这个时代，技术已经越来越容易被模仿，甚至被超越，市场上同质化的产品越来越多。如果没有一个品牌影响力，企业的产品很容易与其他产品混淆，从而影响到销售。就像是现在市场上的手机，大多数手机的功能、外观都差不多，如果没有品牌，那么用户就会随便买。但是有了好品牌，用户就会认品牌去买。有些人喜欢小米，有些人喜欢华为，有些人喜欢 OPPO，也有人喜欢苹果。而 IP 型管理者则可以利用自身的影响力直接提升企业品牌的知名度。就像聚美优品，刚开始时大部分的人都不知道聚美优品是什么，但是自从陈欧成了 IP 之后，聚美优品也跟着火了，很多人都因为陈欧而知道了聚美优品这个美妆电商品牌。很多关注陈欧的人，都知道了聚美优品这个品牌，甚至陈欧创立的其他品牌，比如街电。

2. 提高用户对企业品牌的好感度

为什么现在很多企业都喜欢把企业品牌拟人化？是因为如此可以拉近与用户的距离，但是做成功的并不是特别多。因为品牌本身就是一个抽象的概念，是一个冰冷冷的代表词，即使是拟人化，也存在着很多实际操作的困难。而成为 IP 型管理者比把企业品牌拟人化的效果要好得多。古语有云：爱屋及乌，用户如果对管理者产生好感，自然也会对管理者所代表的企业品牌产生好感。比如万达，以往用户对万达并没有什么特殊感情，只知道它是一个百货商城，对其评价是中性甚至是负面的。但是自从王健林成为了 IP 后，用户对万达的印象也瞬间好了起来，看到万达这个品牌时，有了一种莫名的亲近感和信任感。

8.3 人力：IP 成功，人才自然来

管理者 IP 是企业整体品牌形象的基础，如果没有良好的管理者形象，企业就很难拥有像诸葛亮、赵云这样的优秀人才，即使有也难留住这些人才。也就是说，成功的 IP 型管理者，可以吸引优秀的人才前来靠拢，还能依靠 IP 的影响力留住这些人才。

华为为什么能成为这么强的企业？就是因为华为聚集了一大批顶尖的人才，而这些人才有很大一部分都是因为任正非而聚集的。为什么？因为任正非的人才观。任正非女儿孟晚舟在清华大学演说时说过："华为不按学历，按价值和潜在贡献定薪，牛人年薪不封顶。"足见在任正非领导下的华为人才观的宏大。

很多人都佩服任正非的广阔胸襟，他把华为企业的股份几乎全给了员工，为的就是员工能留在华为，而他自己只有 1%。这是很多管理者都做不到的事情。任正非坚信"财散人聚"的理念，建立了广泛的利益分享机制。对内，他把绝大部分的股份都给了员工，为企业留住顶尖人才；对

外，让利给客户和供应商，让华为企业能得到外部人才的支持。

除了企业的人才观，任正非本身的性格也是非常受人推崇，与其他管理者形成了很明显的差异。出差无专车接送，没有保镖跟随，吃饭也是到食堂排队打饭。如果不知道他是任正非，很多人都认为他是一个普通的老人。任正非的行为刷新了很多人对管理者的固有看法，也认为他是真真正正的想干实事。所以，不少欣赏任正非的人都非常想加入华为。

而任正非成为“IP”之后，更多的人知道了他，也了解了他的思想观念，因而有更多的人受其影响想加入华为。特别是各大高校的相关专业的应届毕业生，都把华为作为自己的第一就职目标。

从任正非的身上我们可以看到，一个好的管理者 IP，就像一个磁铁，能自动地将人才吸引到自己的企业。

1. IP 型管理者是做好人力资源管理的利器

IP 型管理者对人力资源管理的作用主要体现在两个方面：

第一，对内可以起到以下的作用，见图 8－1。

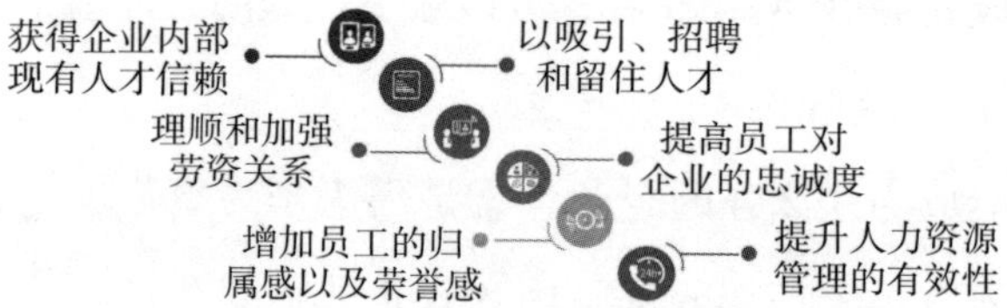

图 8－1　管理者 IP 对企业内部起到的作用

第二，对外可以起到以下作用，见图 8－2。

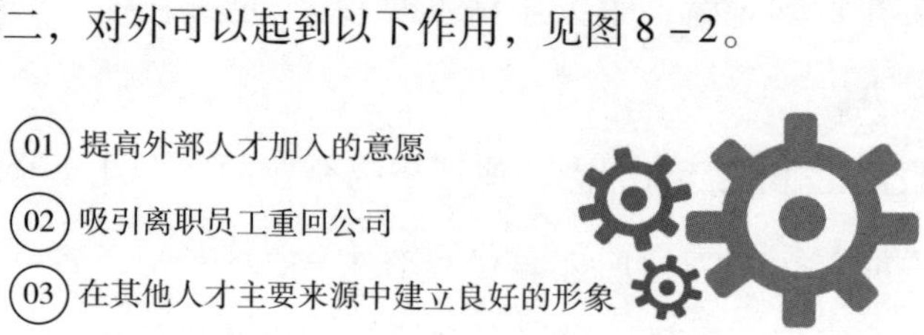

图 8－2　管理者成为 IP 对外所起到的作用

2. IP 型管理者是人才引进的助推器

人才对每一家企业都非常重要，而塑造良好的管理者 IP 对人才招聘有着非常重要的作用。彭剑锋说过："对于一个企业来讲，我们说品牌是企业最重要的核心资产，是企业核心竞争力的源泉。管理者品牌是最佳雇主的代言人。管理者品牌的建立对缓解目前跳槽日益频繁的科研技术人才来说，无疑是一道曙光。"中华英才网的调查数据也显示出：大学生投票雇主是被企业高层管理者的个人魅力所折服。由此可见，IP 型管理者对吸引人才的重要性。

既然 IP 型管理者是企业人才引进的助推器，那么管理者要如何做才能吸引人才的加入呢？可以从以下几个方面入手，见图 8－3。

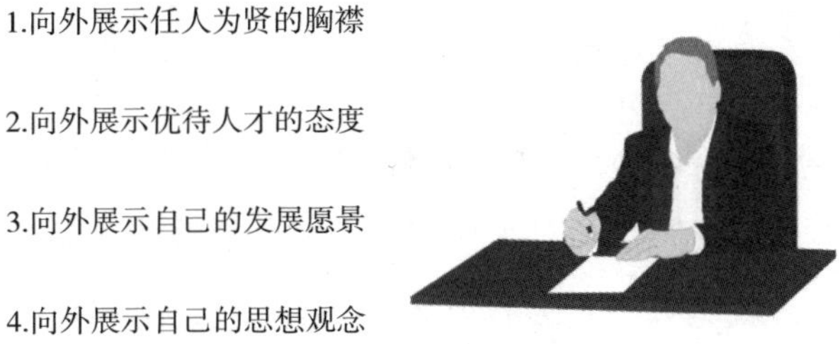

图 8－3　管理者吸引人才的四个要点

8.4 资金：管理者 IP 就像是一块吸金石

管理者成为 IP 后，其能带来的价值最为明显的表现就是资金，这是可以直接看到的。特别是对于初创型企业的管理者来说更是如此。只要是 IP 型管理者，就能吸引更多投资人的关注，从而发现企业管理团队的价值，投入资金。为什么？其实 IP 型管理者与网红有一定的相同点，所有网红身上的火爆程度，网红自身形成的粉丝社群，自身所具有的品牌势能，IP 型管理者身上也有。而比网红更有优势的是 IP 型管理者有着更为完整、可执行的商业思维与计划，可以让投资者获得更多的回报。所以，一旦成为 IP，管理者急需的发展资金也就有了着落。

2015 年 10 月 20 日，罗振宇正式对外宣布其主导的“逻辑思维”完成了 B 轮融资，估值 13.2 亿元人民币。本轮融资由中国文化产业投资基金领投，启动创投跟投，柳传志、俞敏洪等行业大佬参与了股权众筹。为什么当时才成立不久的“逻辑思维”（见图 8－4），一个简单的知识分享节目，能获得这么多投资者的青睐？其原因就在于罗振宇本身的这颗 IP 够亮。

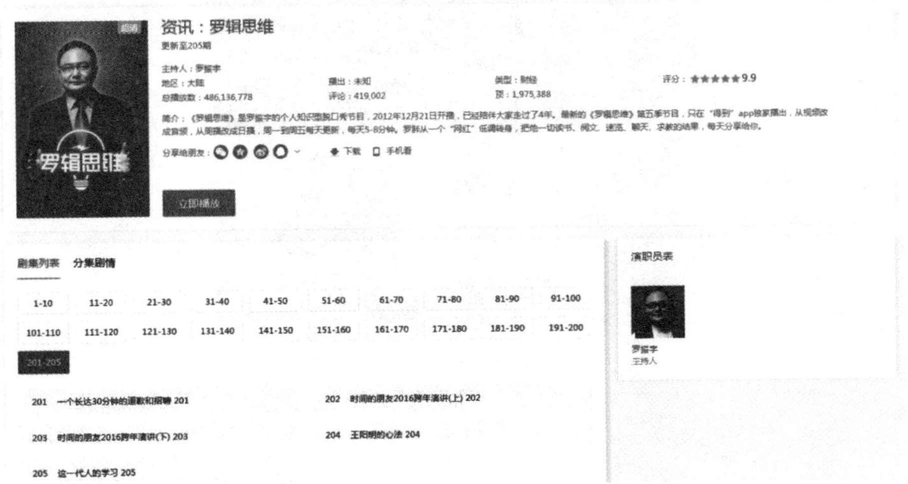

图8－4　“逻辑思维”页面

（1）拥有大批粉丝。2017年1月13日，“逻辑思维”的粉丝数量正式破千万。这千万级别的粉丝数量可以为罗振宇带来无数价值，这也是投资人所看重的一点。

（2）拥有实际价值的会员。在B轮融资成功之前，“逻辑思维”的会员人数已经达到6600万，这些都是可以看见的价值。

（3）建立社群电商。罗振宇在微信上建立了店铺（见图8－5），用户可以从中购买图书、物品、服务，商业模式已从会员制转向了社会电商制。

（4）建立了APP。罗振宇还推出了APP，包含的内容更加广，商业模式也走向多元化（见图8－6）。

以上可以看得到的价值，就是投资商会大手笔投资的原因。其他管理者，特别是初创型管理者，如果缺乏资金，不妨也先学习罗振宇的方式，先把自己打造成IP，通过IP产生价值，如此，投资人就会主动投资。

从罗振宇的身上可以看出一点，投资人绝对不会无缘无故就投资一个管理者，必须具备了一定的条件后才有可能。具体来说，管理者需要做到

图 8－5　“逻辑思维”微信商城

以下几点。

1. 有一定的知名度和粉丝量

对于初创型企业的管理者来说，企业尚处于发展阶段，其成功与否直接与管理者 IP 相关，也就是说管理者的知名度和粉丝量越高越大，企业成功的机会也就越大。企业成功的机会越大，投资人愿意投资的可能性就越大。比如说罗振宇，如果不是有粉丝的支持，那么他根本就不可能让“逻辑思维”一直生存下去，并获得投资人投资，实现多样化的发展。

图 8－6　得到 APP

2. 有一定的变现能力

如果粉丝和知名度无法变现，也就无法使企业盈利，那么粉丝再多也没有用，所以能否变现是投资人投资的关注重点。如果罗振宇的粉丝不能成为会员，不能成为购买其产品的潜在用户，那么必然也无法得到众多投资人支持。

3. 有一定的可持久盈利的商业模式

管理者与网红不同，大多数的网红依靠的只是一时的流量，而 IP 型管理者，则需要拥有可持久盈利的商业模式。比如管理者旗下打造的产品，这个产品要能打开市场，且能不断进步。如罗永浩，他得到投资人的支持是因为有锤子手机这款产品，这款产品给了投资人信心。

8.5 管理：用个人魅力来约束员工

管理，包括群体管理与个人管理。群体管理就是通常我们所说的“规章制度”，个人管理则是指依靠个人的影响力、个人魅力，通过自己的言行来对员工进行约束。不管是群体管理还是个人管理，都与影响力有关，也就是管理者 IP 的影响力。所以，把管理与 IP 挂钩，管理的过程其实就是管理者个人通过自身 IP 的影响力对员工进行宣传、引导的过程。由此可见，管理企业、管理员工，也是 IP 型管理者变现的方式之一。

任正非，华为公司的创始人兼总裁，这个已经 70 多岁的老人，近几年成为了最低调的 IP 型管理者。可能对于外界来说，很多人认为任正非是近几年才成为 IP 的。其实在华为内部，在员工心目中，他早已是一个 IP 型管理者。他的一言一行都影响着华为的员工，成为华为员工学习的榜样。也就是因为这样，任正非把自身的管理理念深刻地融进了华为，使华为上下的管理风格都透露出一股浓浓的任正非的味道。

第一，低调。任正非非常低调朴素，如果不是知道他是任正非，很多人看到他时，绝对不会认为这是一个世界五百强企业的领导者。深夜自己打车、坐地铁，在食堂排队打饭，这都与我们印象中的企业领导者形象不同。他说过："资源一定要用在需要的地方。如果自己都带头配车，那么旗下所有的管理层都要配车，这是对企业资源的一种浪费。"任正非的这种低调朴素的作风影响了华为上下，上到管理者下到员工，都非常朴素低调。

第二，专注。任正非是一个非常专注的人，认定一件事就坚定去做，多年来始终坚持自己的原则，没有被其他诸如房地产等行业的高利润所诱惑，敢于把全部鸡蛋都放在一个篮子里，把做代理商的钱都放在了研发上。任正非甚至说过"失败了我只有跳楼"的话，足见他的胆略气魄，以及他的专注精神。而他的专注显然也体现在了华为的管理上。《华为基本法》第一条指出：华为的追求是在电子信息领域实现顾客的梦想，并依靠点点滴滴、锲而不舍的艰苦追求，使我们成为世界级领先企业。为了使华为成为世界一流的设备供应商，我们将永不进入信息服务业。通过无依赖的市场压力传递，使内部机制永远处于激活状态。

第三，胸怀。任正非是一个胸怀天下的管理者，他并不在意自己的小盈小利。所以相比于企业能为自己赚多少钱，他更看重的是如何能让员工愿意为企业付出，让企业变得更好。华为是民营企业，但是，任正非仅仅持有华为1%左右的股权。这对于大多数的管理者来说都是很难做到的。也就是这种价值观，让任正非赢得了一大批忠诚的追随者。

此外，任正非的胸怀也体现在他对人才的看重上。当年李一男辞职，他不仅兑现了李一男在华为的1000多万元股份，4年后，华为收购北京港湾后，任正非还欢迎李一男回到华为。足见任正非是从华为事业发展的高度去认识人才、接受人才。任正非的这种人才观也影响着华为企业的人才观。在华为的人才管理上，一直都是人才至上。

任正非对华为管理方面的影响，远远不止这些。但是不管是什么，从任正非的身上我们看到了一个 IP 型管理者对企业管理的影响力与重要性。所以，这也是管理者成为 IP 的一种大势的原因所在。

1. 明确管理者的 IP 定位

管理者如果想学习任正非利用自身 IP 的影响力去管理企业，那在此之前需要想清楚管理的目的是什么？也就是说企业需要什么样的管理形式？管理者自身的职责又是哪些？这就涉及到一个管理者的定位问题。

一般情况下，管理者要根据企业的发展状况对自己进行定位，比如说，企业如果是处于发展初期，规模较小，制度还不完善，那么企业的管理主要是靠管理者的个人魅力。此时的管理者，对于企业的各种工作都需要亲力亲为，给员工树立一个好的榜样。随着企业规模的扩大，管理者的职责发生了变化，从亲力亲为变成了协调各部门的资源分配。那么管理者的 IP 定位就不能是一个亲力亲为、凡事冲在前头的形象，而是要能平衡大局、公平公正的形象。所以，管理者的 IP 定位需要根据企业发展的需要来进行。

2. 在企业内部做好 IP 宣传工作

管理者在明确自己的定位之后，就要在企业内部做好 IP 宣传工作。管理者只有让员工充分了解自己的意图，才能使管理变得更加简单，员工才能按照管理者的意图进行工作。具体可分为以下几个方面：

第一，把自己的能力展示在员工面前。这样才能使员工信服自己，有利于命令的下达与执行。比如可以在各种会议上发表建设性看法，多参加一些社会活动，提高自己的知名度，也可用自己过去的经历去教育员工，增加员工对自己的了解。

第二，善于发现企业内部的“意见领袖”。管理者要善于发现企业中的“意见领袖”，通过各种方式得到他们的支持，这样管理者的 IP 形象就能通过“意见领袖”的影响力得到广泛传播，为自己争取到舆论支持。

第三，正确行事。管理者必须避免做出一些有损个人形象的事情。因此，管理者要时时注意自己的言行，企业内部事情的处理尽量对事不对人。对待员工要亲切，但也不能对个别员工过分倚重。在工作以及利益分配的问题上，也要一视同仁。如此，才不会损害在员工心中建立起的IP形象，保持自己在管理上的影响力。